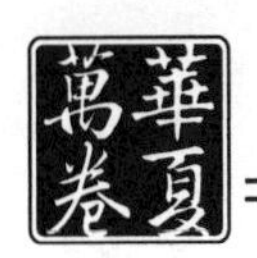

欧阳询楷书

田英章 主编

湖南美术出版社

图书在版编目（CIP）数据

毛笔速成21天. 欧阳询楷书 / 田英章主编.—长沙：湖南美术出版社，2015.12

ISBN 978-7-5356-7587-3

Ⅰ. ①毛… Ⅱ. ①田… Ⅲ. ①毛笔字-楷书-书法Ⅳ. ①J292.11

中国版本图书馆CIP数据核字(2016)第022938号

Maobi Sucheng 21 Tian　Ouyang Xun Kaishu

毛笔速成21天　欧阳询楷书

出 版 人：李小山
主　　编：田英章
责任编辑：彭　英
装帧设计：徐　洋
出版发行：湖南美术出版社
（长沙市东二环一段622号）
经　　销：全国新华书店
印　　刷：成都市金雅迪彩色印刷有限公司
（成都市龙泉驿经济开发区航天南路18号）
开　　本：787×1092　1/16
印　　张：3
版　　次：2015年12月第1版
印　　次：2016年4月第1次印刷
书　　号：ISBN 978-7-5356-7587-3
定　　价：58.00元

邮购联系：028-85939217　邮编：610041
网　　址：http://www.scwj.net
电子邮箱：contact@scwj.net
如有倒装、破损、少页等印装质量问题，请与印刷厂联系斛换。
联系电话：028-84842345

目录

基本笔法

用毛笔书写笔画时一般有三个过程，即起笔、行笔和收笔，这三个过程要用到不同的笔法。

1.逆锋起笔与回锋收笔

在起笔时取一个和笔画前进方向相反的落笔动作，将笔锋藏于笔画之中，这种方法就叫“逆锋起笔”。当点画行至末端时，将笔锋回转，藏锋于笔画内，这叫作“回锋收笔”。回锋收笔可使点画交代清楚，饱满有力。

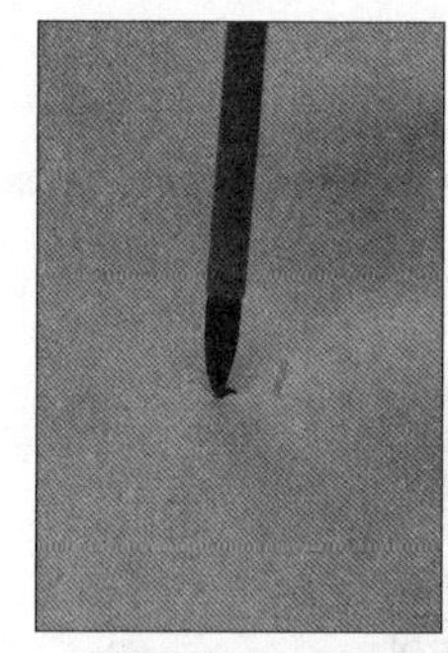

逆锋起笔写竖

回锋收笔写横

2.逆锋与顺锋

逆锋是指起笔或收笔时收敛锋芒，这是楷书中常常用到的技法。其方法是起笔时逆锋而起，收笔时回锋内藏，使笔画含蓄有力。顺锋是指在起笔和收笔时，照笔画行进的方向，顺势而起，顺势而收，使笔锋外露，也叫作“露锋”。

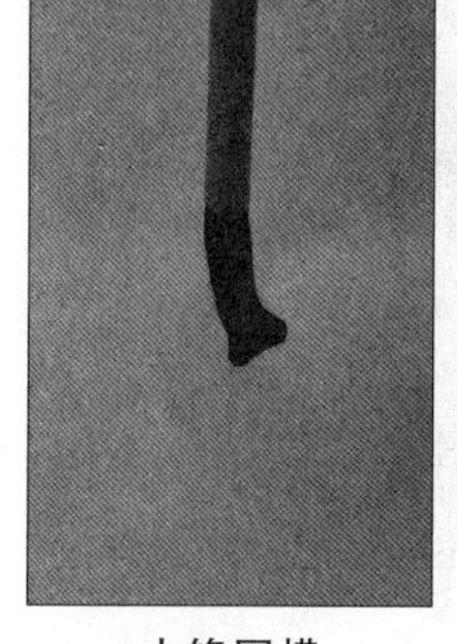

中锋写横

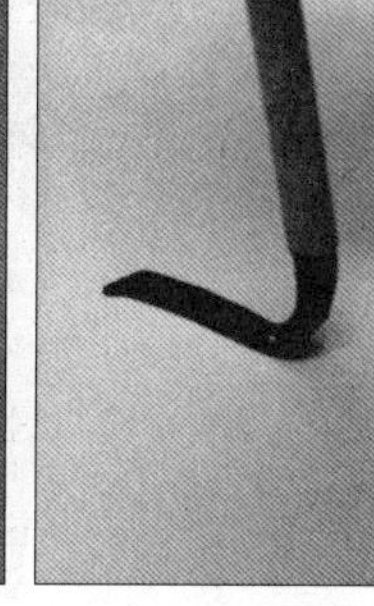

侧锋写撇

3.中锋与侧锋

中锋也叫“正锋”，是书法中最基本的用笔方法，指笔毫落纸铺开运行时，笔尖保持在笔画的正中间。

侧锋与中锋相对，是指在运笔过程中，笔锋不在笔画中间，而在笔画的一侧运行。

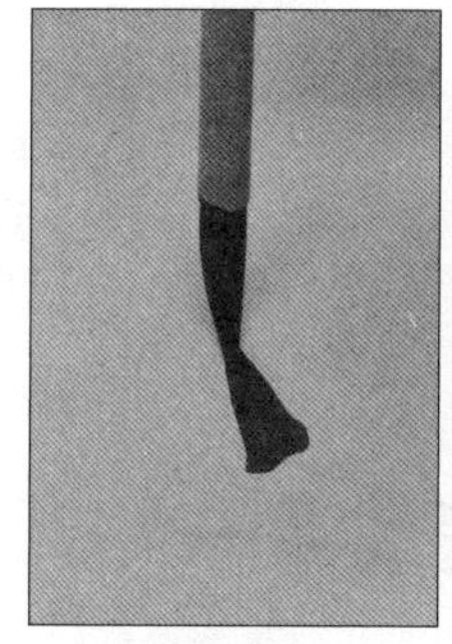

提笔作提

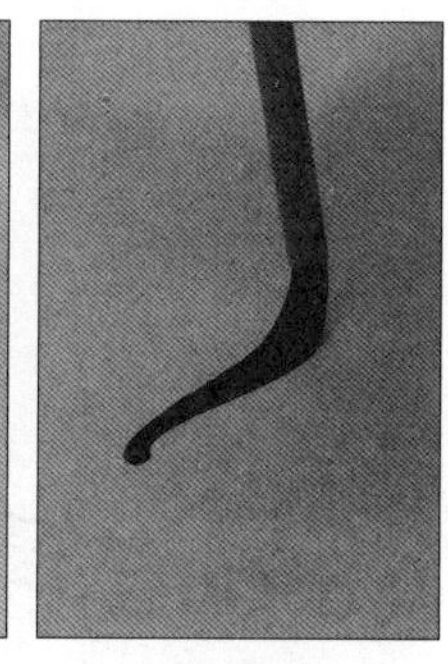

按笔写捺

4.提笔与按笔

提笔与按笔是行笔过程中笔锋相对于纸面的一个垂直运动。提笔可使笔锋着纸少，从而将笔画写细；按笔使笔锋着纸多，从而将笔画写粗。

5.转笔与折笔

转笔与折笔是指笔锋在改变运行方向时的运笔方法。转笔是圆，折笔是方。在转笔时，线条不断，笔锋顺势圆转，一般不作停顿；在折笔时，往往是先提笔调锋，再按笔折转，有一个明显的停顿，写出的折笔棱角分明。

转笔

折笔

第1天

横与竖

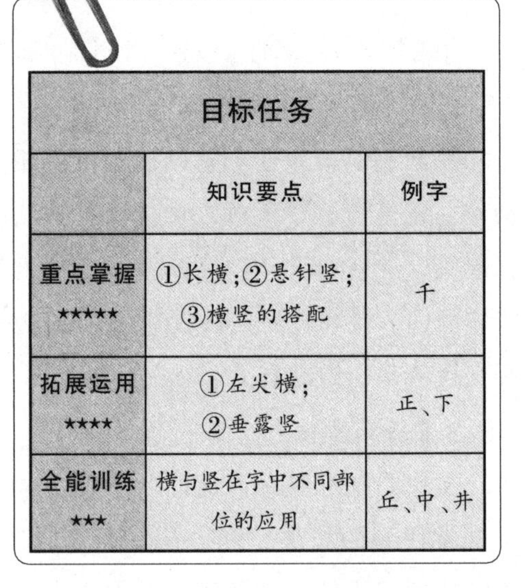

目标任务		
	知识要点	例字
重点掌握 ★★★★★	①长横；②悬针竖；③横竖的搭配	千
拓展运用 ★★★★	①左尖横；②垂露竖	正、下
全能训练 ★★★	横与竖在字中不同部位的应用	丘、中、井

● 重点掌握

结构精要

√横短竖长
√竖画居中
√撇竖直对

长横

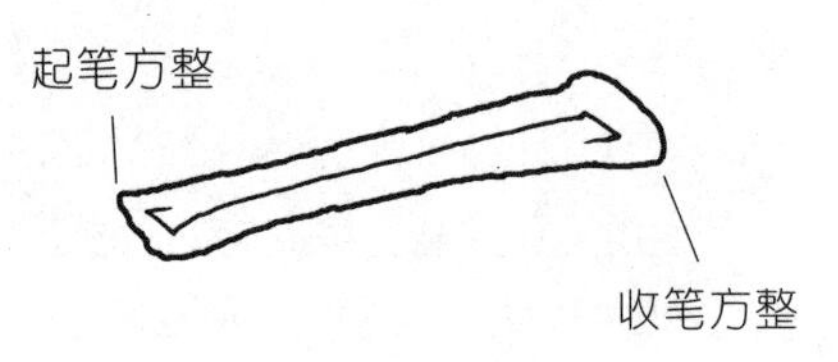

逆锋起笔，向右下顿笔，调整笔锋，向右上中锋行笔。

横画末端向右上稍提锋，再向右下顿笔，回锋收笔。

悬针竖

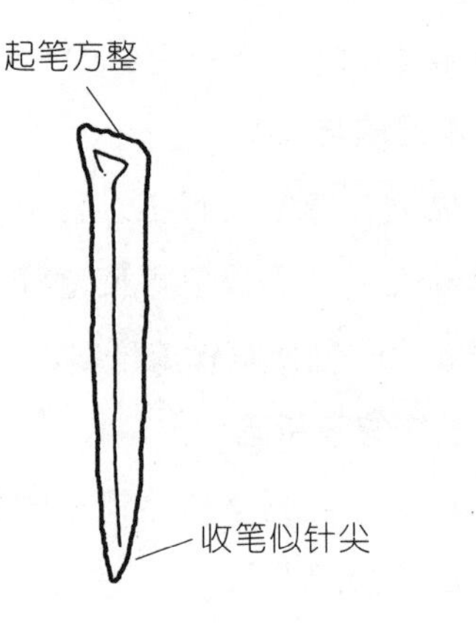

向左上逆锋起笔，折笔向右，调整笔锋，按笔向下中锋行笔。

竖末渐行渐提，末端形如针尖。

拓展运用

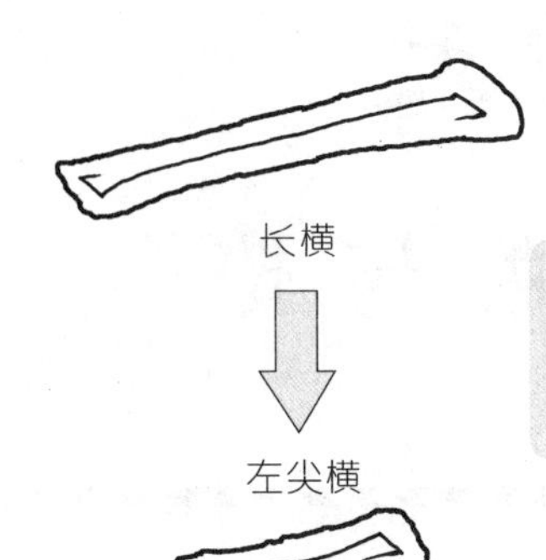

左尖横行笔短，左尖右方。

结构精要
√字形方正
√间距均匀
√底横托上

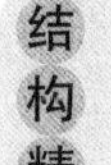

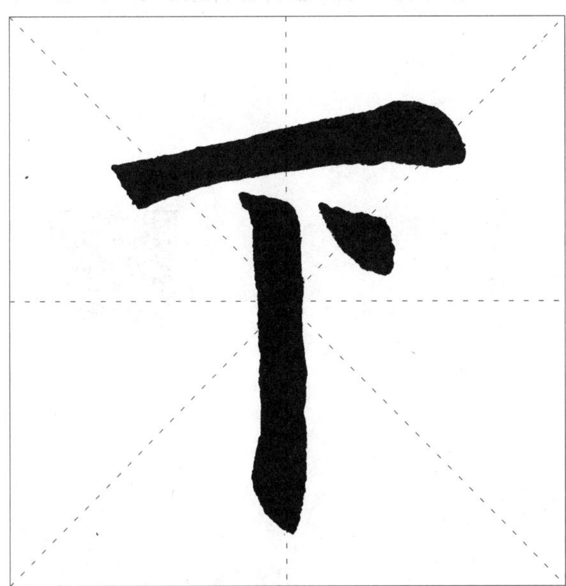

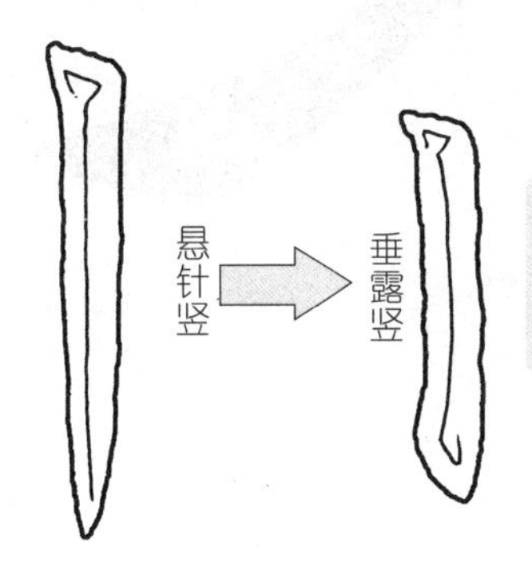

垂露竖粗细较一致，末端似露珠。

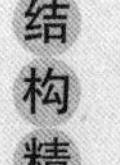

结构精要
√横短竖长
√竖居横中下
√字形呈倒三角形

全能训练

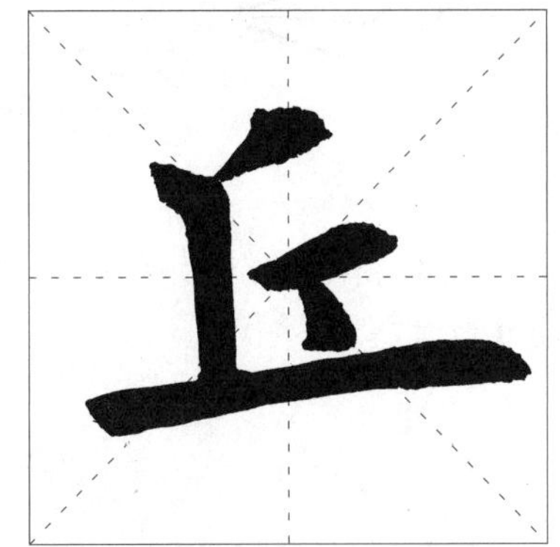

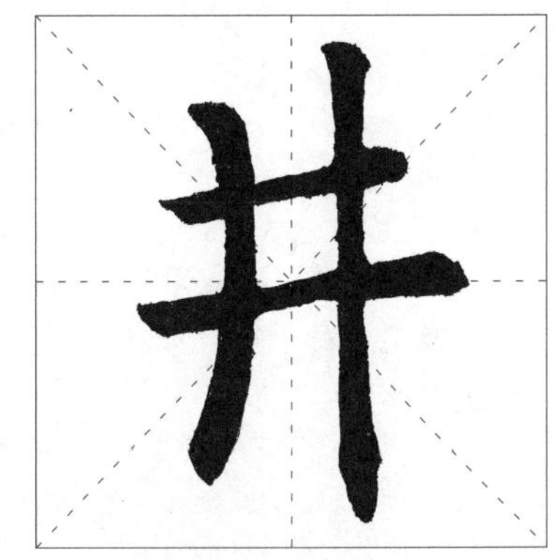

第2天

撇与捺

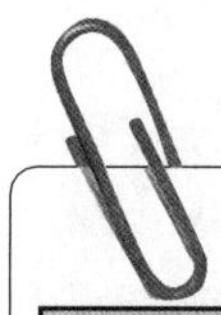

目标任务		
	知识要点	例字
重点掌握 ★★★★★	①直撇；②斜捺；③撇、捺的搭配	人
拓展运用 ★★★★	①短撇；②反捺	生、不
全能训练 ★★★	撇与捺在字中的运用	大、又、文

● 重点掌握

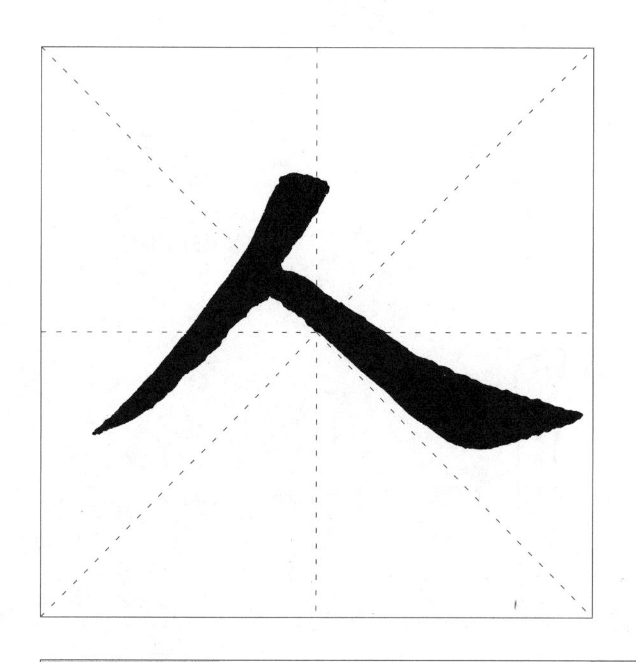

结构精要

√撇直捺弯

√撇捺舒展

√撇高捺低

直　撇

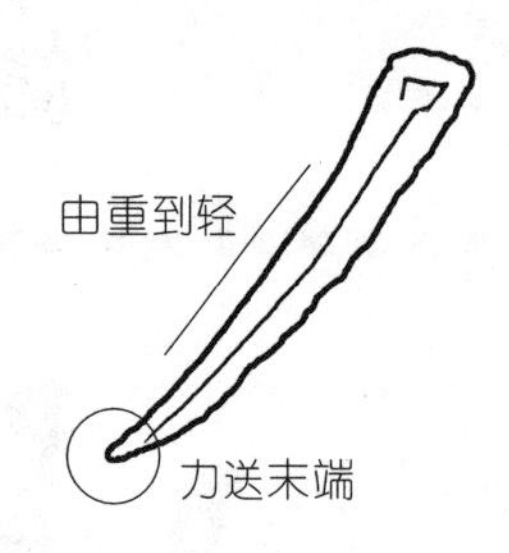

逆锋起笔，折笔向右顿笔。

提笔调锋，中锋向左下行笔，渐行渐提，力送笔尖。

斜　捺

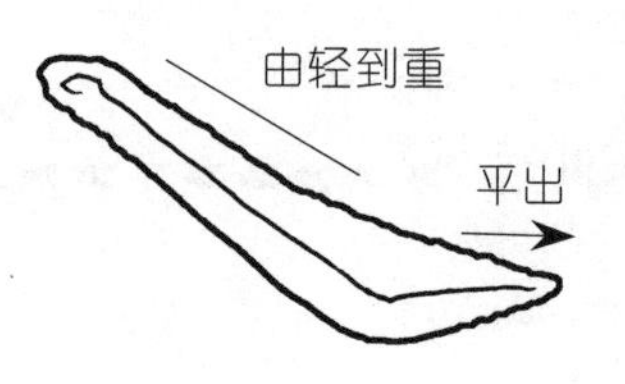

逆锋起笔，调整笔锋，由轻到重向右下按笔，末端向右出锋收笔。

● 拓展运用

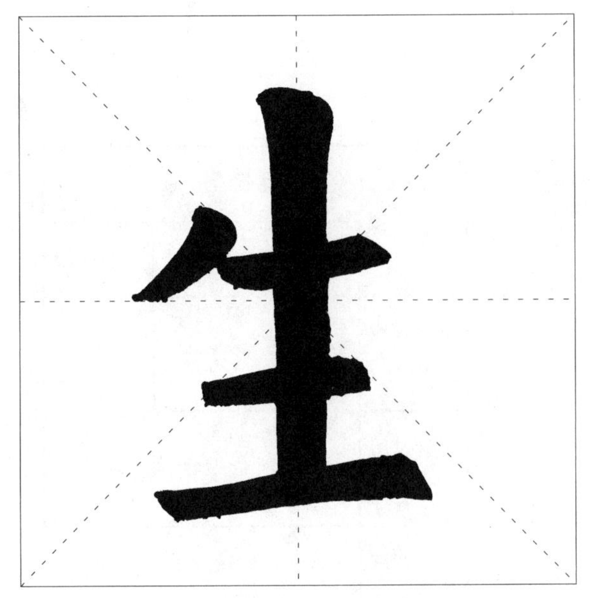

撇画短促，
快速有力。

短撇

结构精要

√横距均等
√竖画居中
√竖长上伸

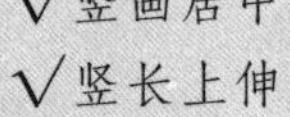

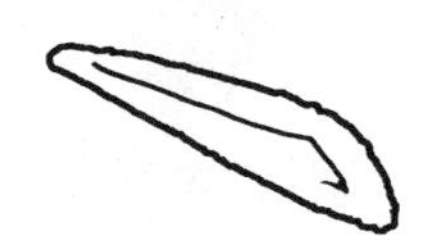

顺锋入笔，末端回
锋收笔。

反捺

结构精要

√竖画居中
√字形方正
√撇长捺短

● 全能训练

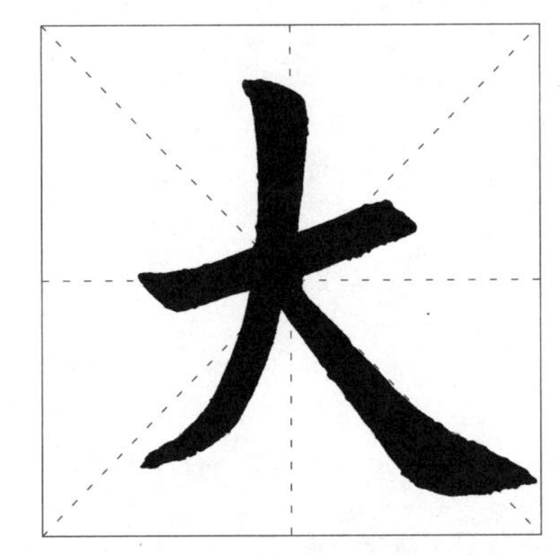

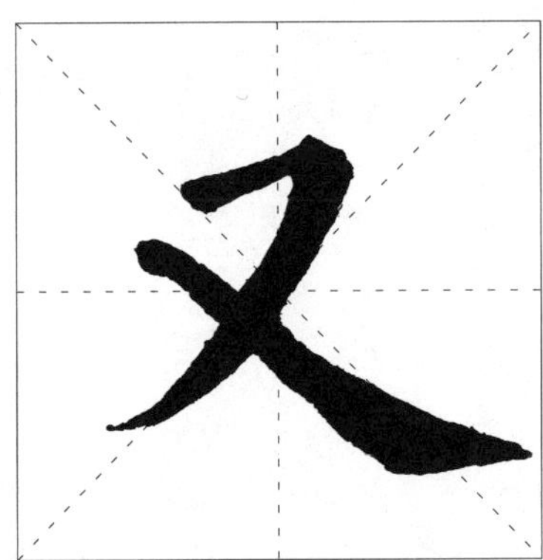

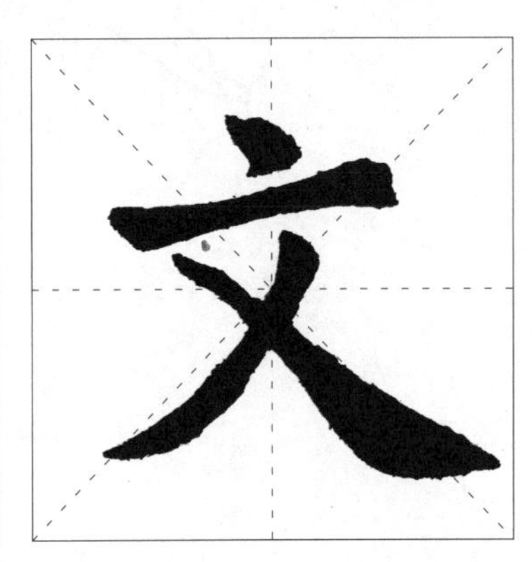

第3天

点画

● 重点掌握

目标任务		
	知识要点	例字
重点掌握 ★★★★★	①撇点；②捺点；③撇点、捺点的组合	六
拓展运用 ★★★★	①竖点；②挑点；③挑点、捺点的组合	方、其
全能训练 ★★★	不同点画在不同位置的写法	来、分、玉

结构精要
√首点居中
√长横托上覆下
√下两点对称

撇　点

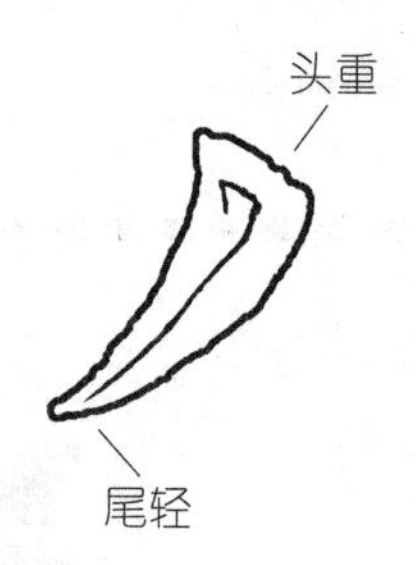

起笔同撇，行笔短促，出锋收笔。

捺　点

捺画缩为捺点，顺锋入笔，按笔向下，末端回锋收笔。

拓展运用

竖向行笔，
末端与横接。

竖点

结构精要

√首点居中
√撇于横中下起笔
√撇长折钩短

笔断意连，
对称呼应。

挑点与捺点

结构精要

√字形长方
√上长下短
√下两点与竖对应

全能训练

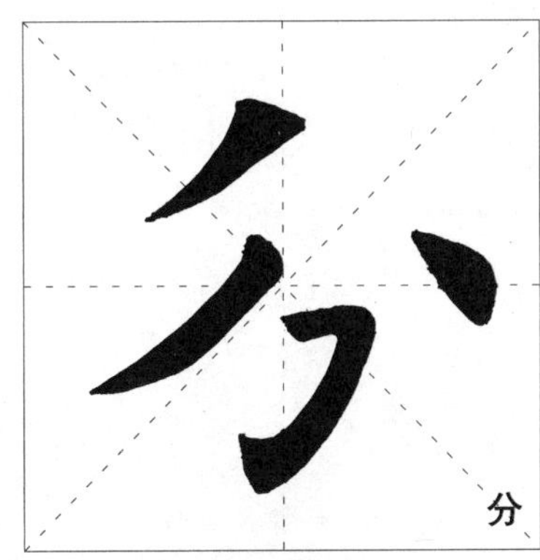

分

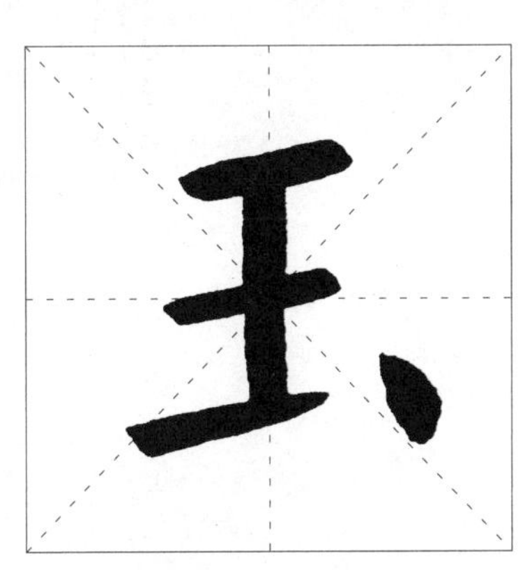

第4天

折画

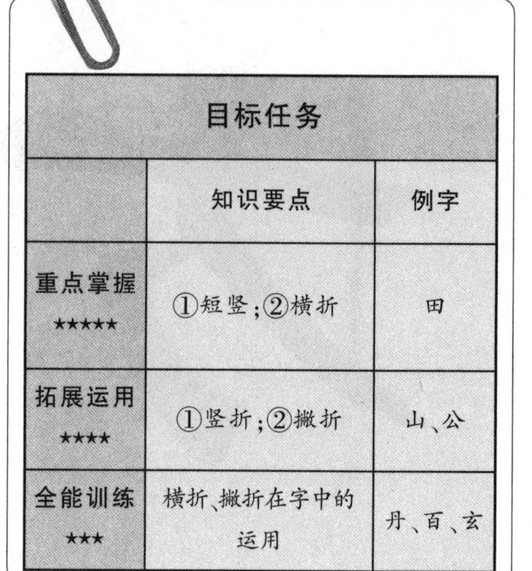

目标任务		
	知识要点	例字
重点掌握 ★★★★★	①短竖;②横折	田
拓展运用 ★★★★	①竖折;②撇折	山、公
全能训练 ★★★	横折、撇折在字中的运用	丹、百、玄

重点掌握

结构精要

√字形方整
√横平竖直
√横距、竖距均匀

短竖

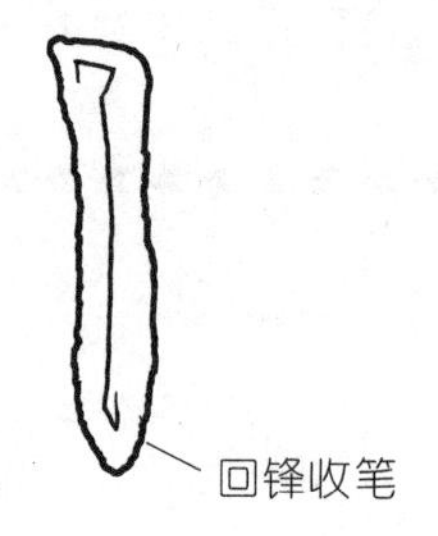

形稍短,逆锋入笔,中锋向下行笔,末端回锋收笔。

横折

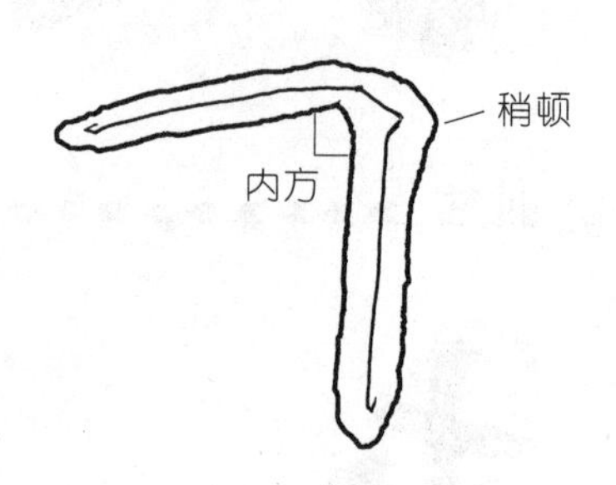

中锋行笔写横,横末向右顿笔,然后向下行笔写竖,竖末回锋收笔。

拓展运用

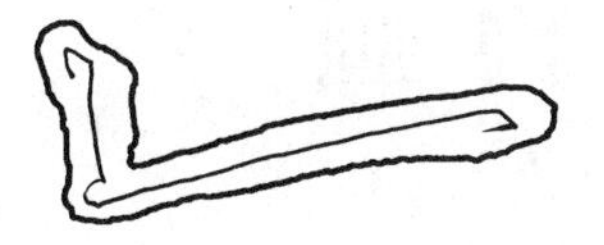

横细竖粗，
横长竖短。

竖折

结构精要

√中竖为主笔

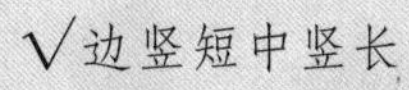

√边竖短中竖长

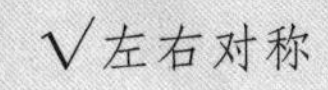

√左右对称

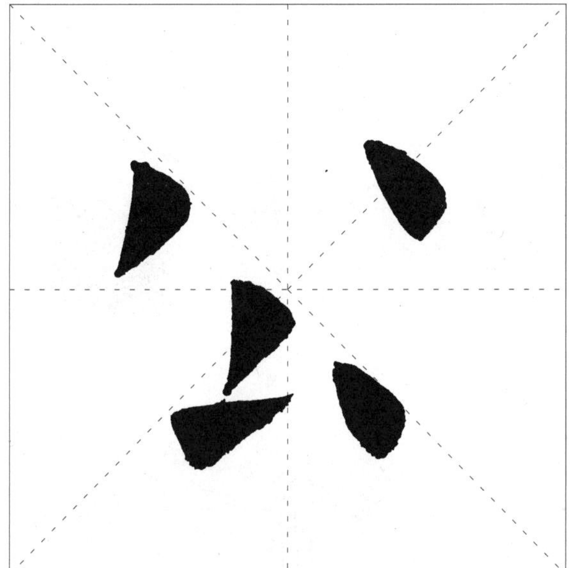

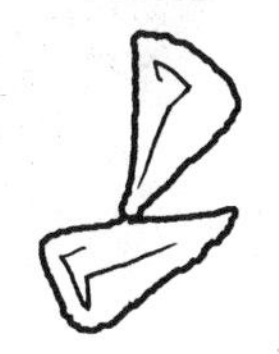

撇和提(折)起笔重，收笔轻，折处笔断意连。

撇折

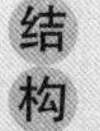

结构精要

√上宽下窄
√上两点分开
√上松下紧

全能训练

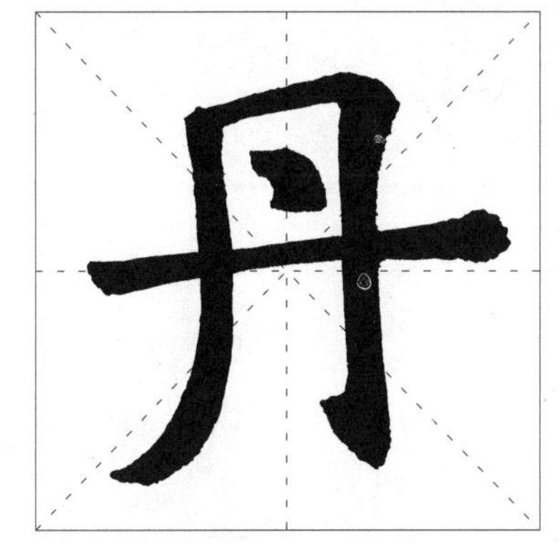

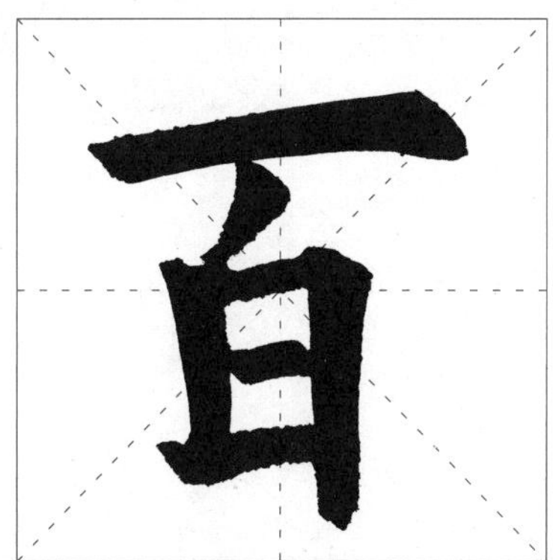

第5天

钩画

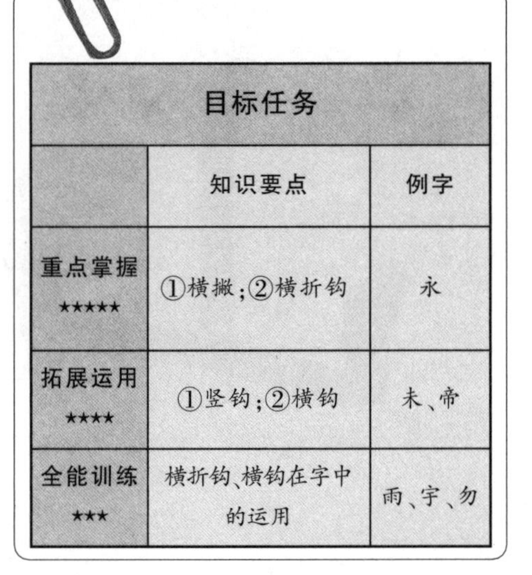

目标任务		
	知识要点	例字
重点掌握 ★★★★★	①横撇；②横折钩	永
拓展运用 ★★★★	①竖钩；②横钩	未、帝
全能训练 ★★★	横折钩、横钩在字中的运用	雨、宇、勿

● 重点掌握

结构精要

√竖画居中
√左右开张
√上下对正

横撇

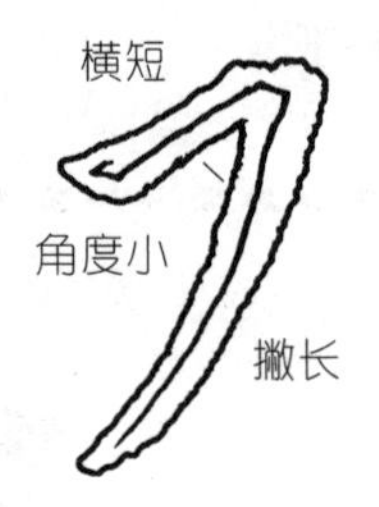

先写短横，另起笔写撇，撇画稍长。

横折钩

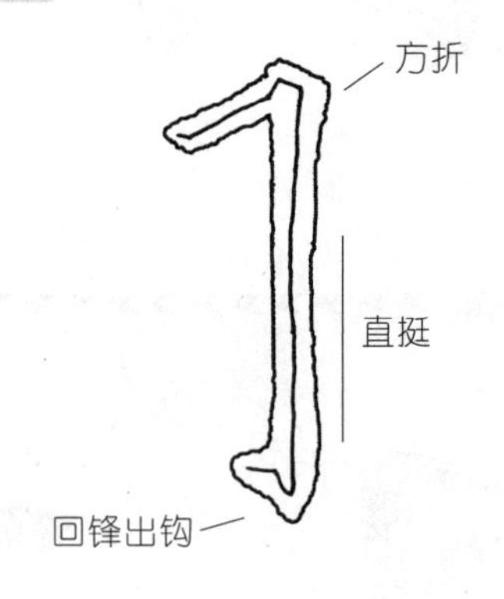

中锋行笔写横，横末提锋向右下顿笔再写竖，竖末向左上回锋出钩。

● 拓展运用

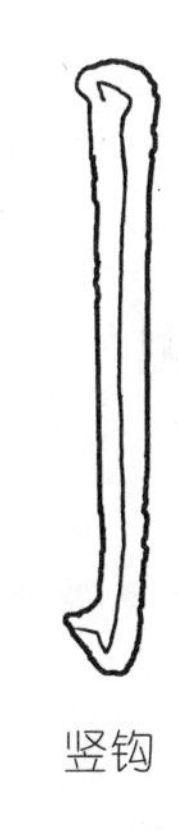

竖钩

竖画直挺，
钩画含蓄。

结构精要

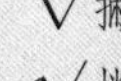

√竖钩居中
√撇捺左右相称
√撇轻捺重

横钩

横画较细，
钩处稍重。

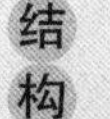

结构精要

√首点居中
√长竖与首点对正
√上下窄中间宽

● 全能训练

第6天

提画

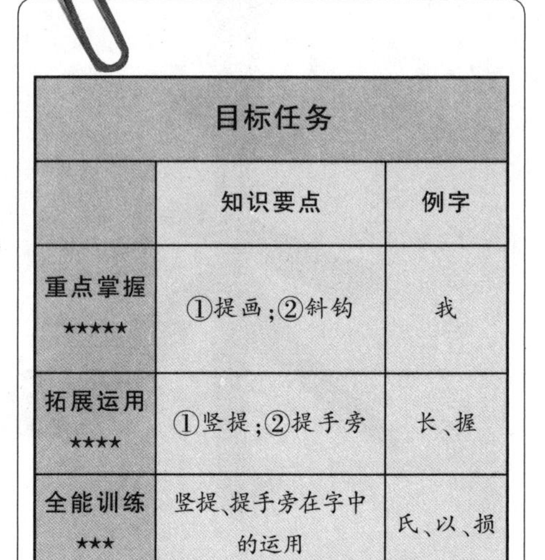

目标任务		
	知识要点	例字
重点掌握 ★★★★★	①提画;②斜钩	我
拓展运用 ★★★★	①竖提;②提手旁	长、握
全能训练 ★★★	竖提、提手旁在字中的运用	氏、以、损

● 重点掌握

结构精要

√上窄下宽
√横、提上斜
√竖钩、斜钩背对背

提画

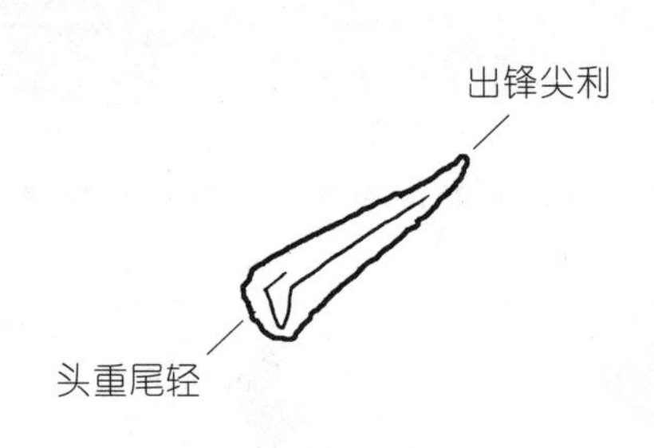

向右下按笔,顿笔向下蓄势,再中锋向右上行笔,出锋收笔,力送笔端。

斜钩

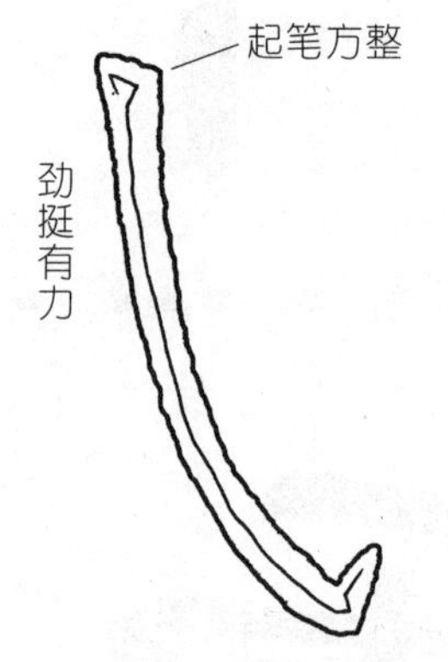

逆锋入笔,转锋向右下行笔,略带弧度,出钩前提笔转锋,向右上出锋。

拓展运用

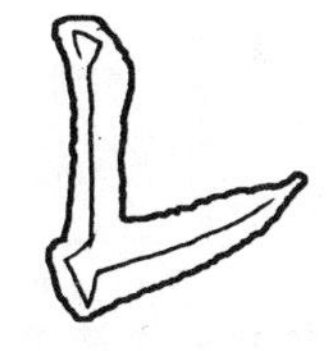

竖提

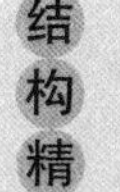

√横距均等
√末横伸展
√捺画直长

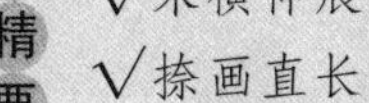

提手旁

√左右均上窄下宽
√左窄右宽
√横向间距均匀

全能训练

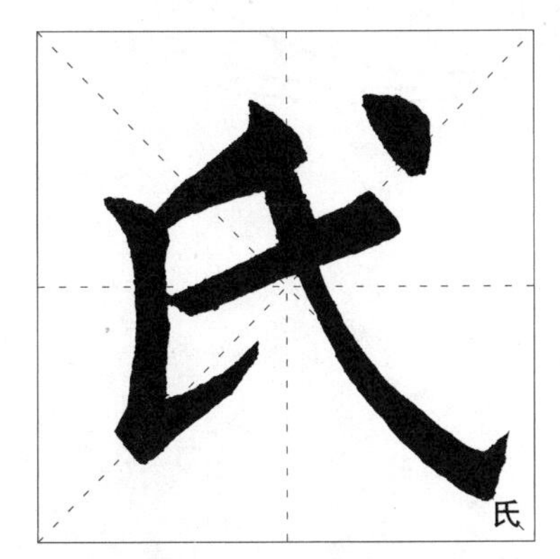

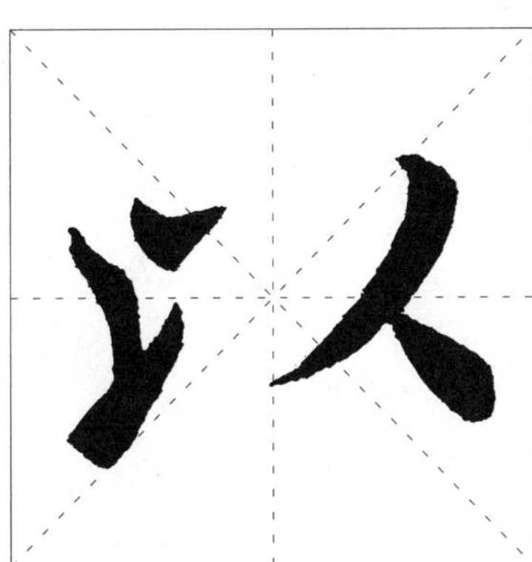

第7天

氵与灬

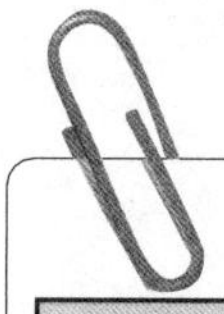

目标任务		
	知识要点	例字
重点掌握 ★★★★★	①三点水；②竖弯钩	池
拓展运用 ★★★★	①四点底；②多竖的运用	波、无
全能训练 ★★★	三点水、四点底在字中的运用	深、形、照

● 重点掌握

结构精要

√左低右高
√左收右放
√竖弯钩舒展

三点水

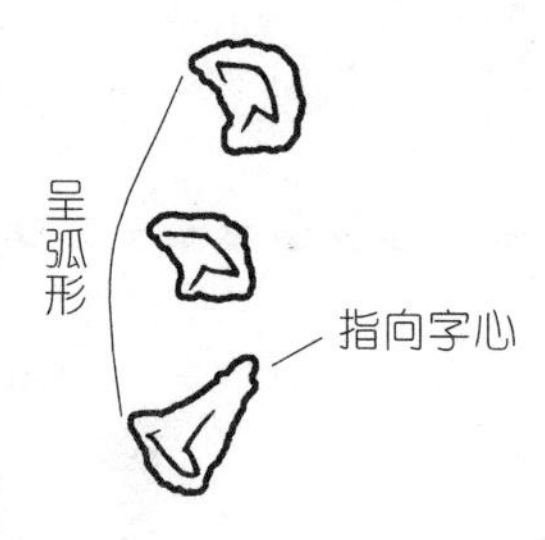

三点呈弧形，方向不一。

竖弯钩

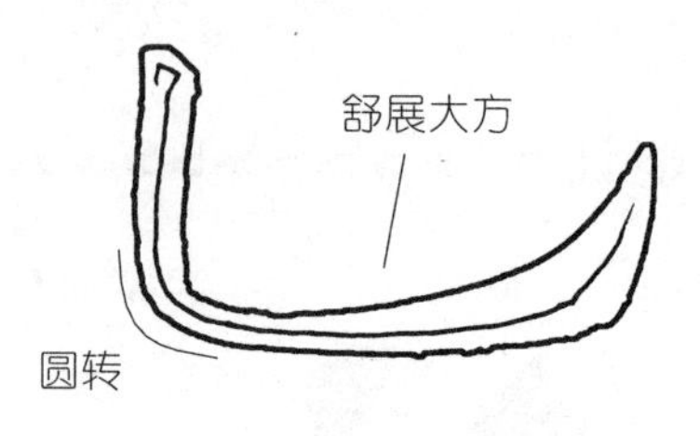

逆锋起笔写竖，转折处提笔向右写横，末端调整笔锋，顿笔后向右上出钩。

● 拓展运用

中点竖向，
整体拉长。

三点水

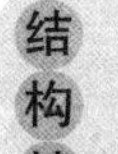

结构精要

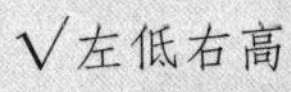

√左窄右宽
√左低右高

√捺画一波三折

外两点呈“八”字形，内两点稍小靠上。

四点底

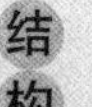

结构精要

√横画平行
√竖距均等
√四点底对应四短竖

● 全能训练

第8天

亻 彳 人

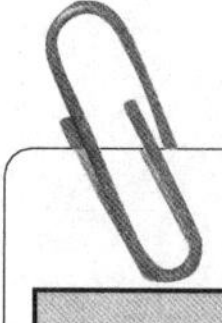

目标任务		
	知识要点	例字
重点掌握 ★★★★★	①短竖；②双人旁	德
拓展运用 ★★★★	①单人旁；②人字头	仁、令
全能训练 ★★★	单人旁、双人旁在字中的运用	作、徒、徐

● 重点掌握

结构精要

√左小右大
√左窄右宽
√右上小下大

短竖

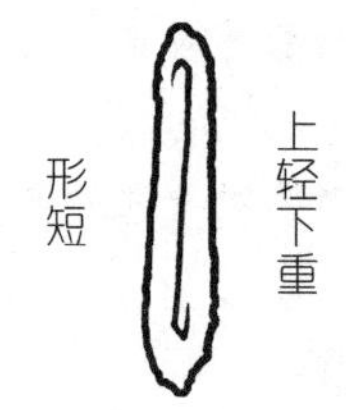

逆锋或顺锋入笔，中锋向下行笔写竖，竖末自然收笔。

双人旁

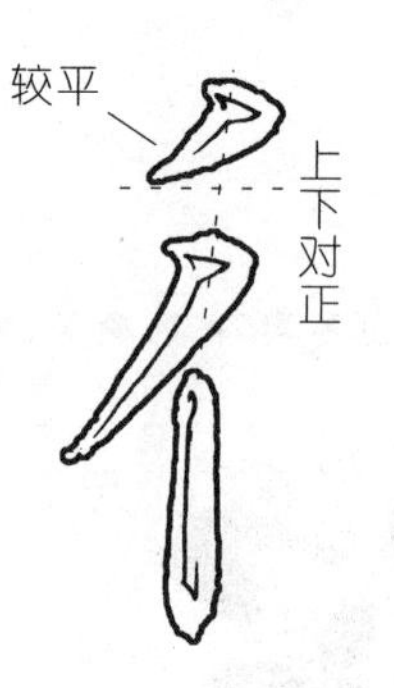

两撇形态各异，首撇短，次撇长，两撇方向不一。

● 拓展运用

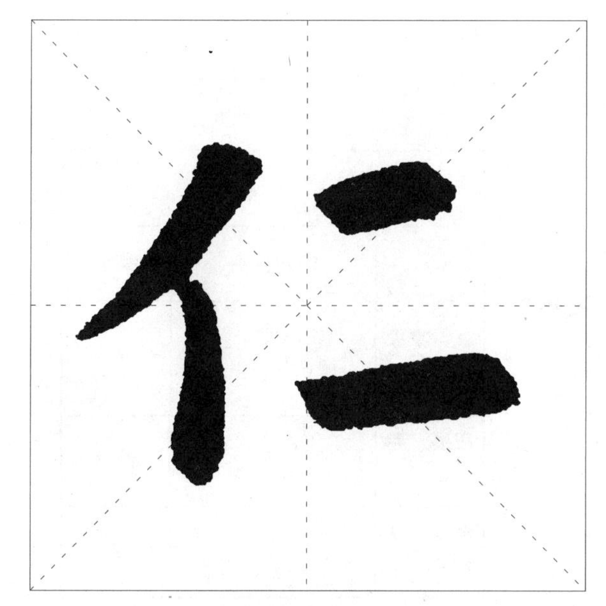

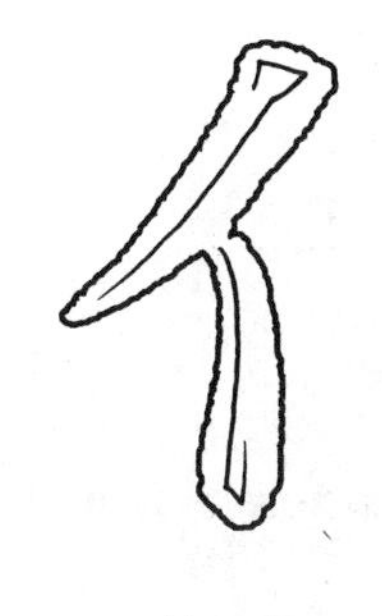

撇头重竖头轻，竖于撇画中间起笔。

单人旁

结构精要

√笔画轻重均匀
√左略长右略短
√两横对正居右中

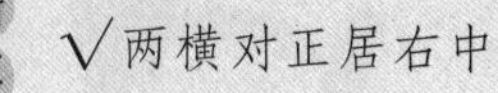

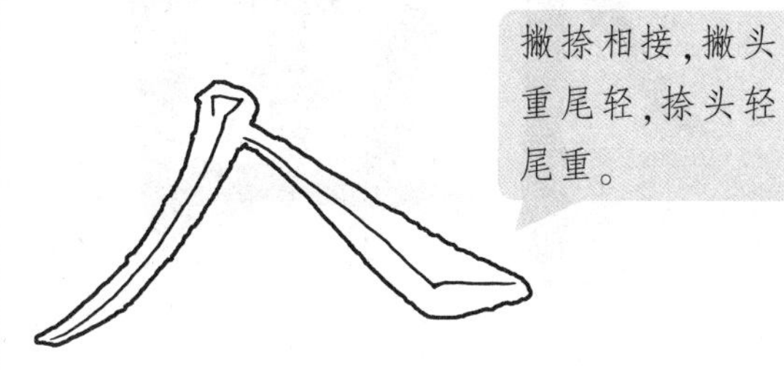

撇捺相接，撇头重尾轻，捺头轻尾重。

人字头

结构精要

√撇捺舒展覆下
√撇弯捺直
√下部略小靠上

● 全能训练

第9天

礻 禾 米

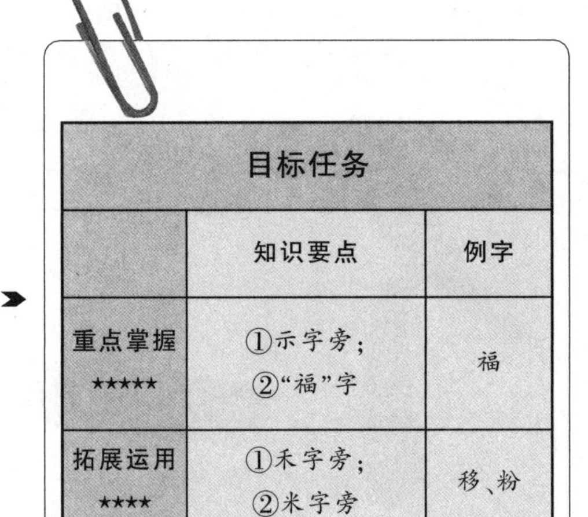

目标任务		
	知识要点	例字
重点掌握 ★★★★★	①示字旁； ②“福”字	福
拓展运用 ★★★★	①禾字旁； ②米字旁	移、粉
全能训练 ★★★	禾字旁、示字旁在字中的运用	和、祥、视

● 重点掌握

结构精要

√字形方正

√左右等高

√右部横距均等

示字旁

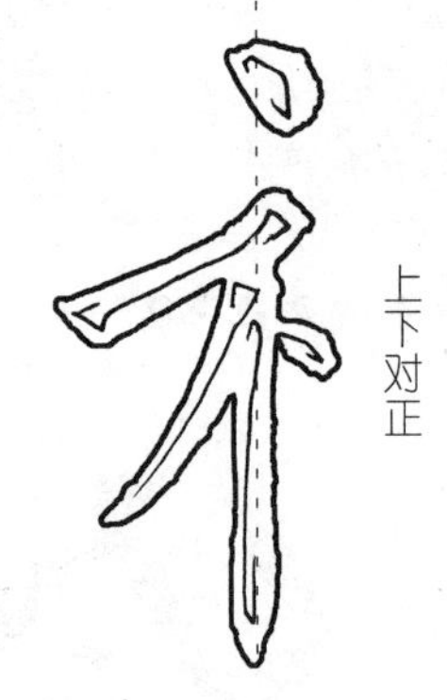

字形较窄，重心靠上。

“福”字

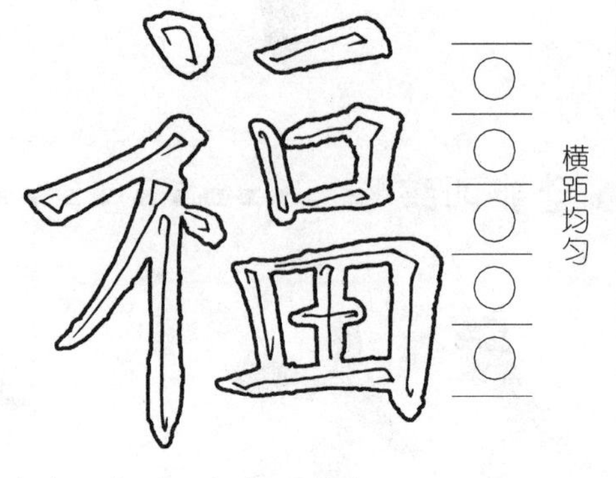

右边三部分，大小要适中。

● 拓展运用

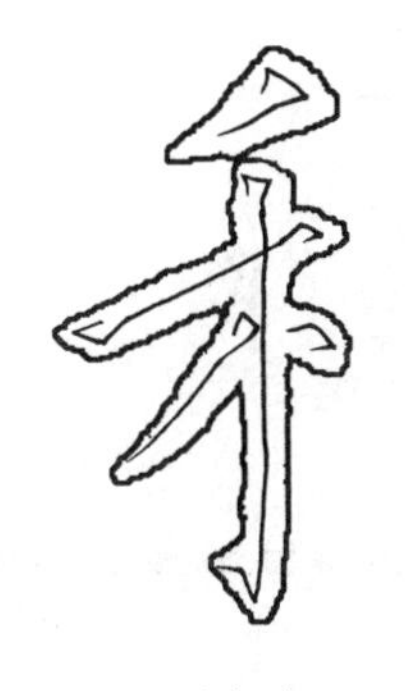

禾字旁

竖画变竖钩，
与首撇对正。

结构精要
√左正右斜
√左短右长
√右部上小下大

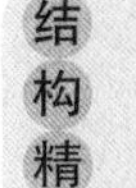

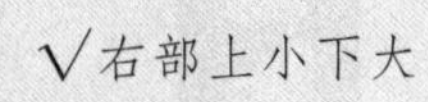

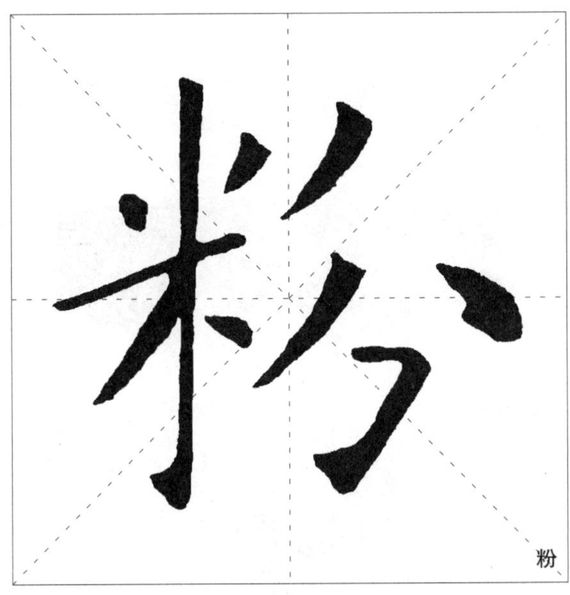

粉

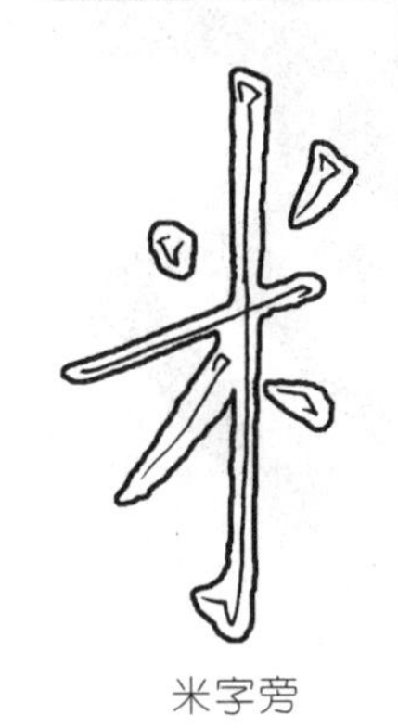

米字旁

横竖相交，上两点指向交点，下撇长捺短。

结构精要
√左长右短
√竖钩直挺
√“分”字撇捺分开

● 全能训练

视

第10天

阝与阝

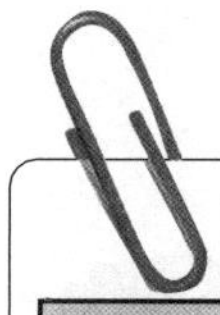

目标任务		
	知识要点	例字
重点掌握 ★★★★★	①横撇弯钩；②左耳旁	阳
拓展运用 ★★★★	①右耳旁；②单耳旁	廊、卿
全能训练 ★★★	左耳旁在不同字中的运用	随、降、陈

● 重点掌握

结构精要

√横撇弯钩靠左上

√上端齐平下参差

√撇多写法不一样

横撇弯钩

先写短横，转折处略顿笔后写短撇。接着写小弯钩，可连写也可断开书写。

左耳旁

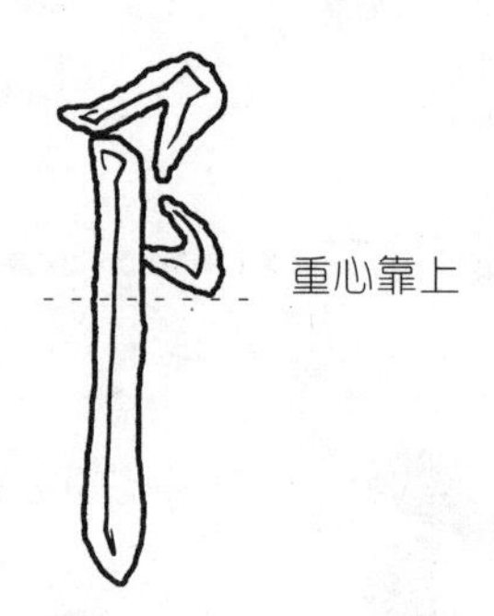

横撇弯钩断开书写，较小居上，竖为垂露竖。

拓展运用

横撇弯钩靠上，
竖画劲挺。

右耳旁

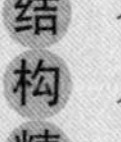
结构精要

√右耳旁取势较低
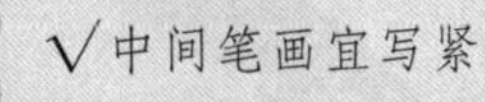
√中间笔画宜写紧
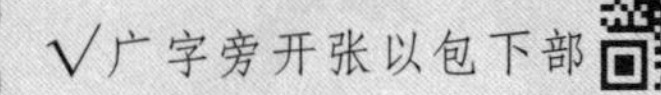
√广字旁开张以包下部

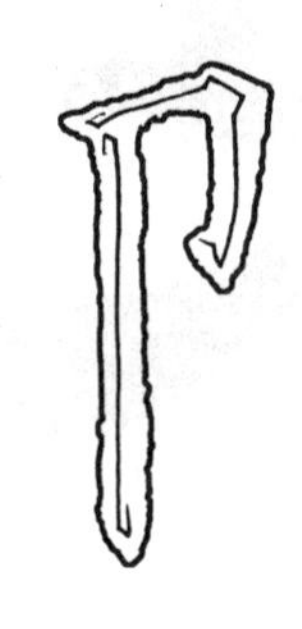

单耳旁靠下，
竖画下垂。

单耳旁

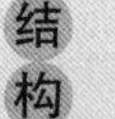
结构精要

√三部错落有致
√中部稍靠上
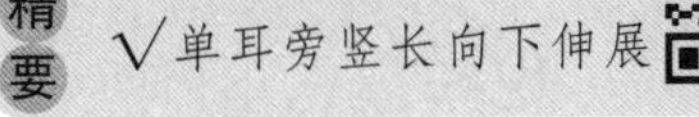
√单耳旁竖长向下伸展

全能训练

第11天

廴 辶 走

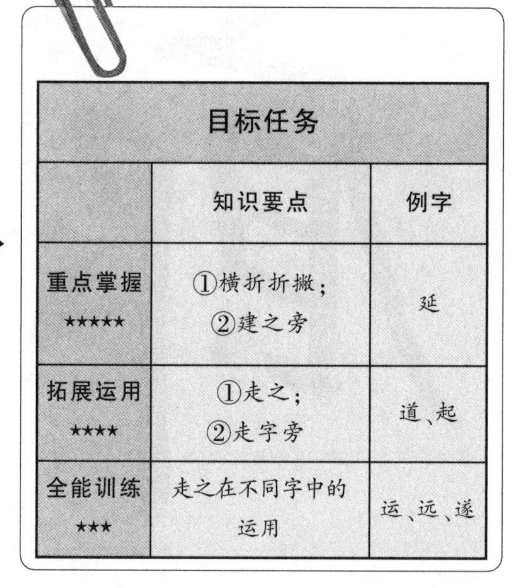

目标任务		
	知识要点	例字
重点掌握 ★★★★★	①横折折撇；②建之旁	延
拓展运用 ★★★★	①走之；②走字旁	道、起
全能训练 ★★★	走之在不同字中的运用	运、远、遂

● 重点掌握

结构精要

√左下包托上
√被包围部分较紧凑
√捺画舒展一波三折

横折折撇

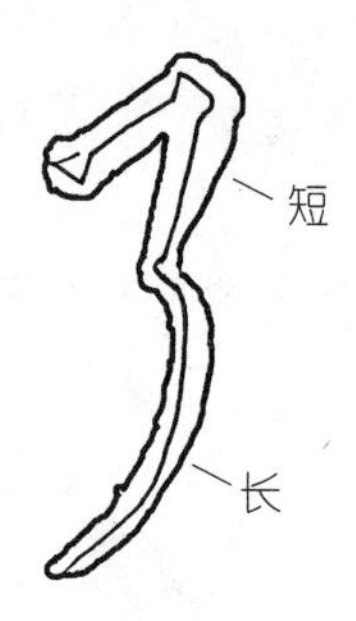

先写横撇，再折向右写一短横，最后折向下撇出，力送笔端。

建之旁

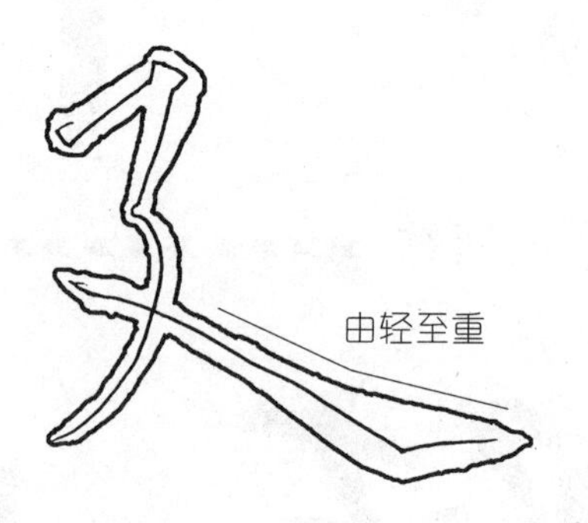

横折折撇较大，斜捺交于撇画中部，捺画右展。

● 拓展运用

走之

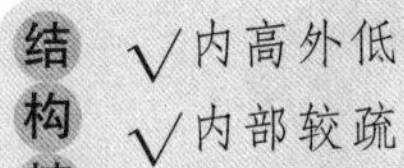

结构精要
- √内高外低
- √内部较疏
- √被包部分横距均等

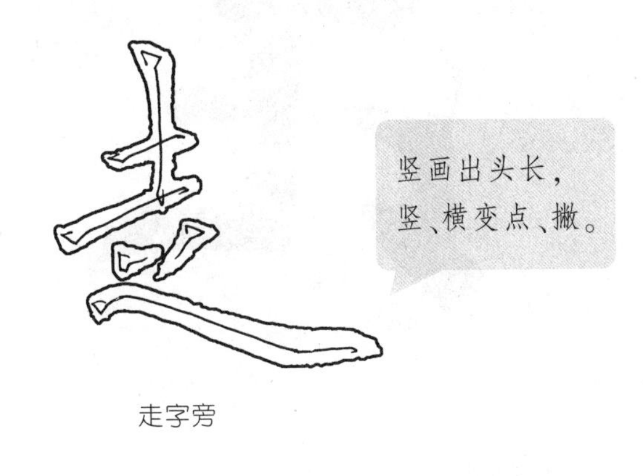

走字旁

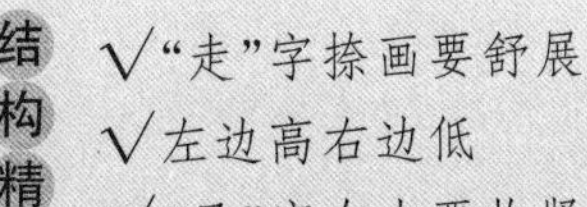

结构精要
- √“走”字捺画要舒展
- √左边高右边低
- √“已”字在内要收紧

● 全能训练

第12天

日 部

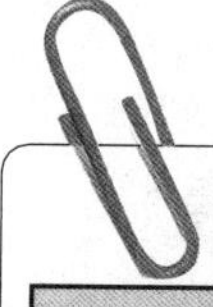

目标任务

	知识要点	例字
重点掌握 ★★★★★	①日字头；②比部	昆
拓展运用 ★★★★	①日字底；②日字旁	昔、映
全能训练 ★★★	日部在不同位置的写法	景、智、暑

重点掌握

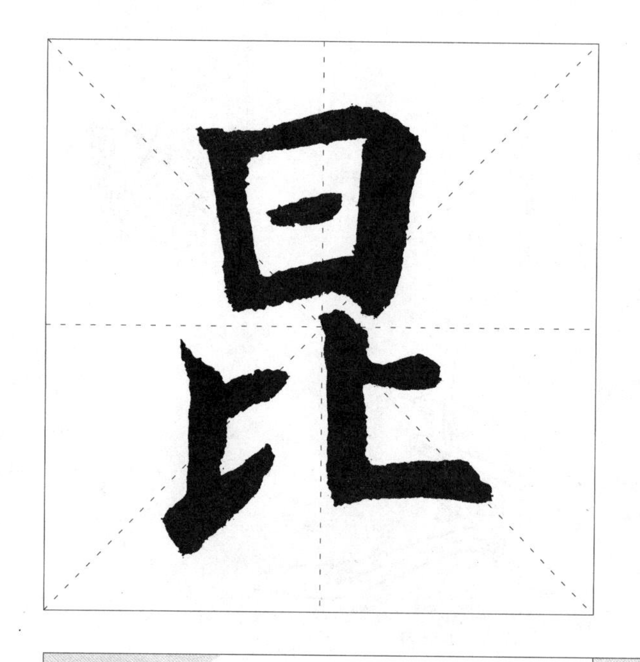

结构精要

√横画间距均匀

√日部居上略扁

√"比"字左收右放

日字头

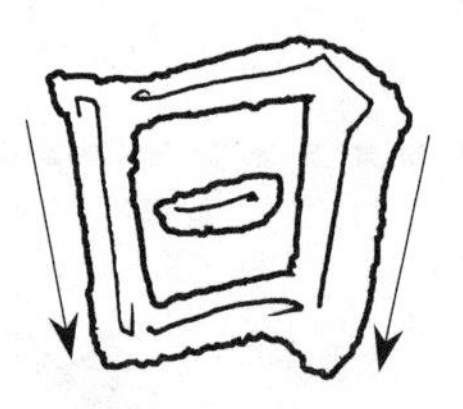

字形宽扁，上稍宽下稍窄。

比 部

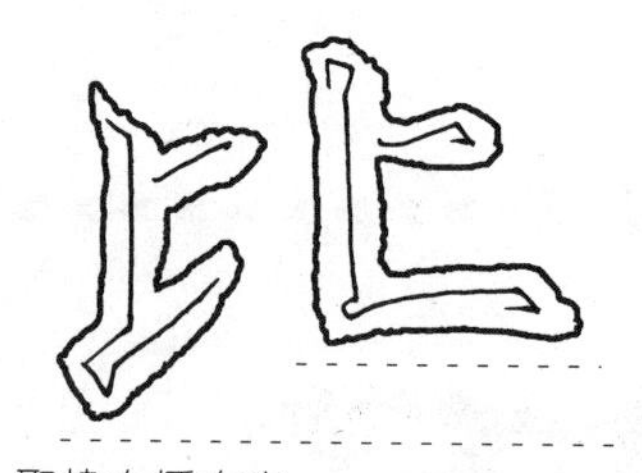

左右同形，左为竖提右为竖折。

拓展运用

中横不与右竖连，
左竖短、右竖长。

日字底

结构精要

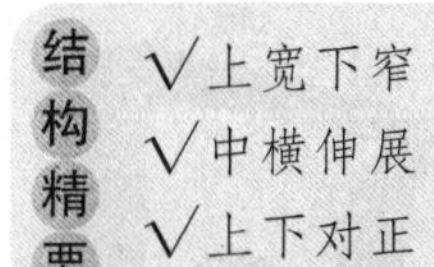

√上宽下窄
√中横伸展
√上下对正

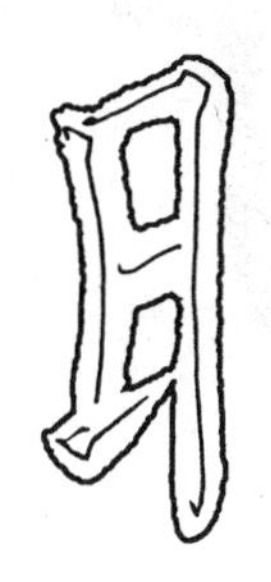

横短竖长，
末横变提。

日字旁

结构精要

√左窄右宽
√左短右长
√下两点与上部对应

全能训练

第13天

月 部

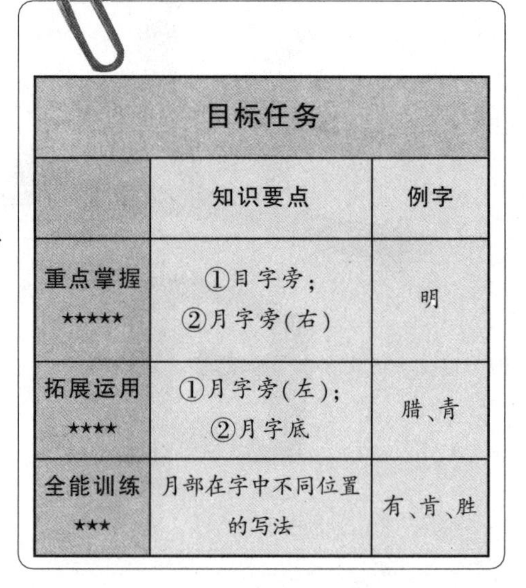

目标任务		
	知识要点	例字
重点掌握 ★★★★★	①目字旁；②月字旁(右)	明
拓展运用 ★★★★	①月字旁(左)；②月字底	腊、青
全能训练 ★★★	月部在字中不同位置的写法	有、肯、胜

● 重点掌握

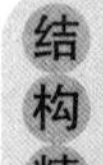

结构精要

√上端齐平

√左右等宽

√左部横距均等

目字旁

两竖平行，内部横画等距，中间两横不与右竖连。

月字旁(右)

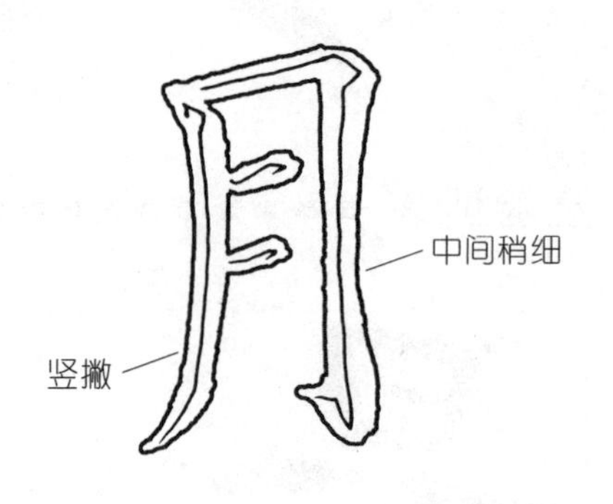

字形窄长，撇画为竖撇，末端出锋，横折钩出钩含蓄。

拓展运用

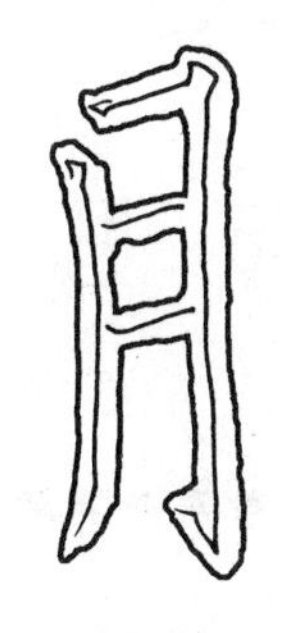

横与竖向笔画相接，横画等距靠上。

月字旁(左)

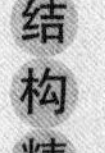

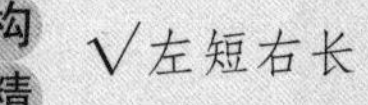

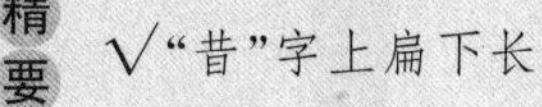

结构精要

√左窄右宽
√左短右长
√“昔”字上扁下长

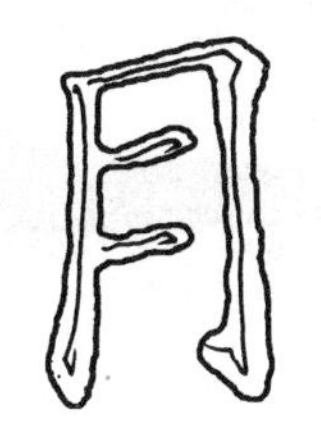

字形稍宽，与上对正。

月字底

结构精要

√上宽下窄
√横画平行
√中横拉长

全能训练

第14天

土部与王部

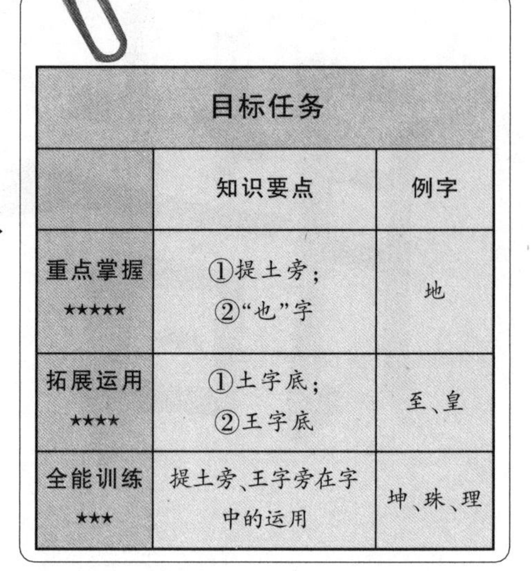

目标任务		
	知识要点	例字
重点掌握 ★★★★★	①提土旁； ②"也"字	地
拓展运用 ★★★★	①土字底； ②王字底	至、皇
全能训练 ★★★	提土旁、王字旁在字中的运用	坤、珠、理

● 重点掌握

结构精要

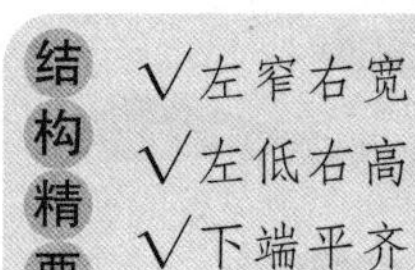

提土旁

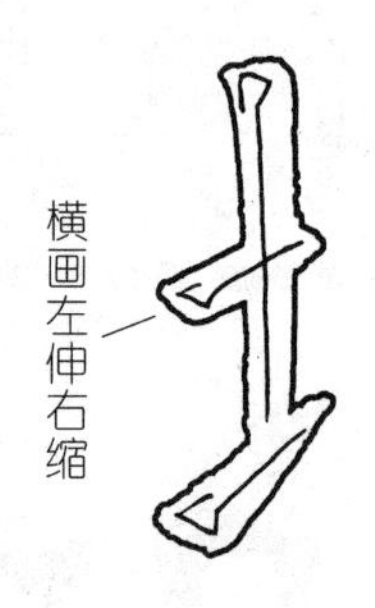

横短竖长，末横为提。

"也"字

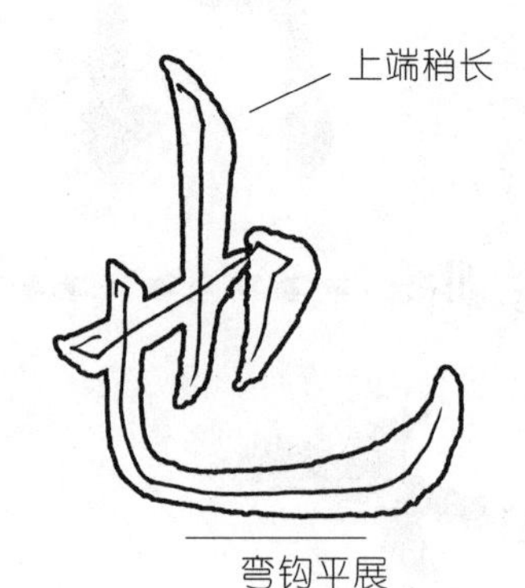

横钩略上斜，竖弯钩向右伸。

● 拓展运用

两横平行，
竖画居中。

土字底

结构精要

√字形长方
√横画距离均等
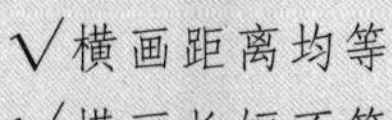
√横画长短不等

整体趋扁，
底横托上。

王字底

结构精要

√上下对正

√上窄下宽
√横画等距末横长

● 全能训练

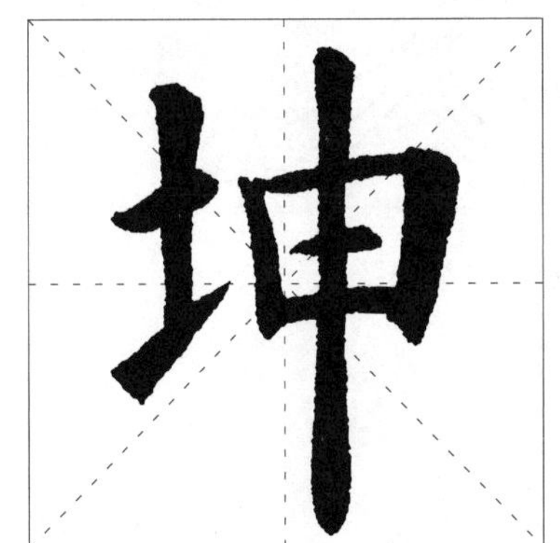

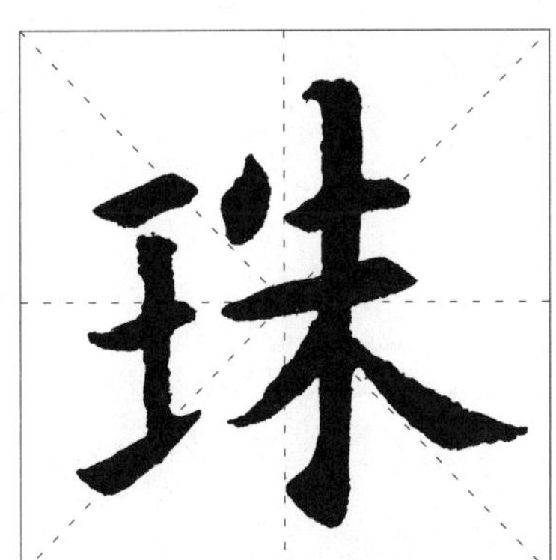

第15天

木部

● 重点掌握

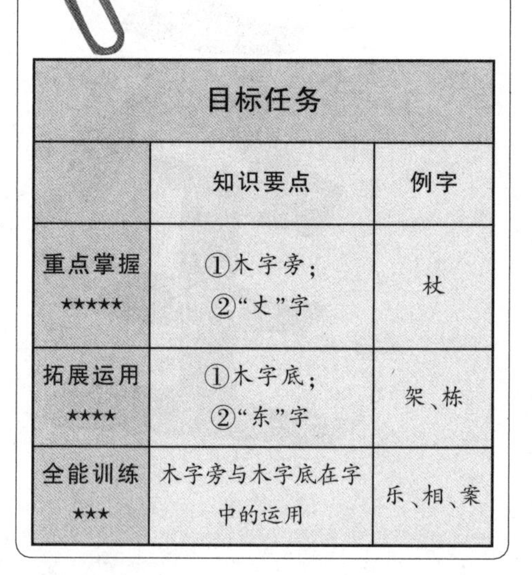

目标任务		
	知识要点	例字
重点掌握 ★★★★★	①木字旁；②“丈”字	杖
拓展运用 ★★★★	①木字底；②“东”字	架、栋
全能训练 ★★★	木字旁与木字底在字中的运用	乐、相、案

结构精要

√左短右长

√左右下端平齐

√左右两横大致在一条线上

木字旁

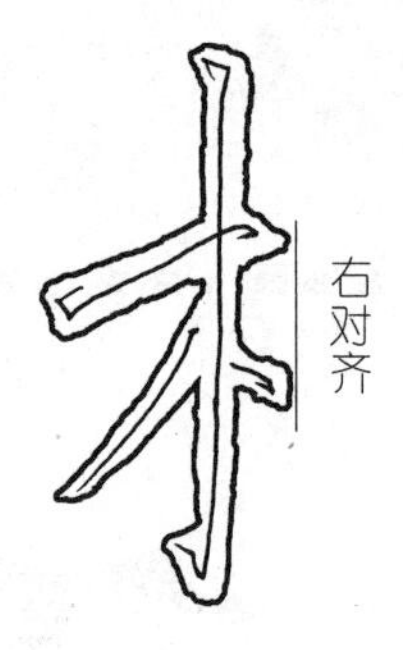

横短竖长，撇长，捺缩为点。

“丈”字

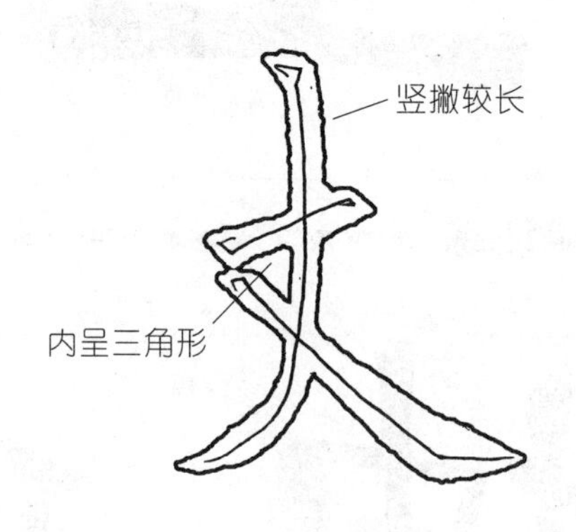

横画不宜长，撇捺有交叉。

● 拓展运用

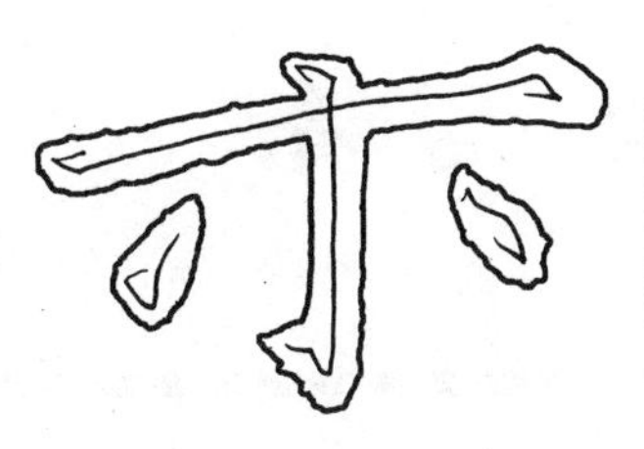

木字底

横画较长，
撇捺变点。

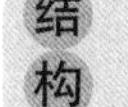
结构精要

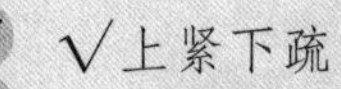
√上紧下疏

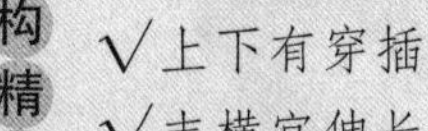
√上下有穿插

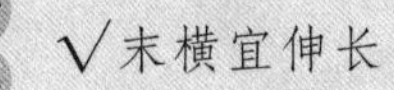
√末横宜伸长

栋

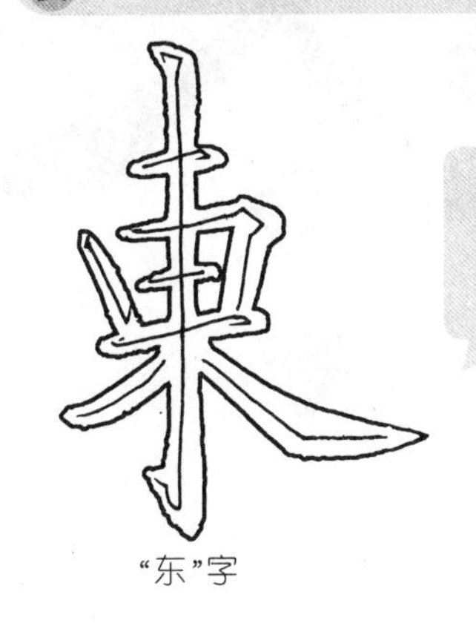

“东”字

撇短捺长，
竖钩直挺。

结构精要

√左短右长
√右部横画等距
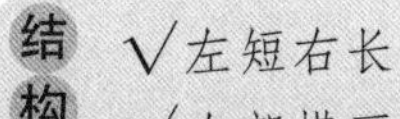
√左右竖画要直挺

● 全能训练

乐

第16天

纟与糸

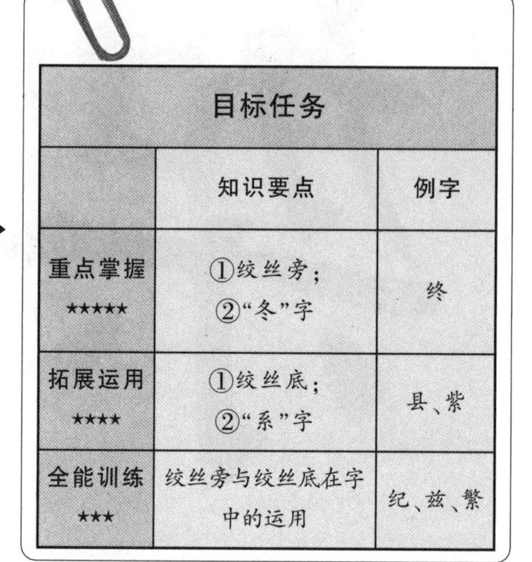

目标任务		
	知识要点	例字
重点掌握 ★★★★★	①绞丝旁； ②“冬”字	终
拓展运用 ★★★★	①绞丝底； ②“系”字	县、紫
全能训练 ★★★	绞丝旁与绞丝底在字中的运用	纪、兹、繁

● 重点掌握

结构精要

√左短右长

√左收右放捺伸展

√右部两点上大下小

绞丝旁

两个撇折，上小下大，角度不一，下三点笔断意连。

“冬”字

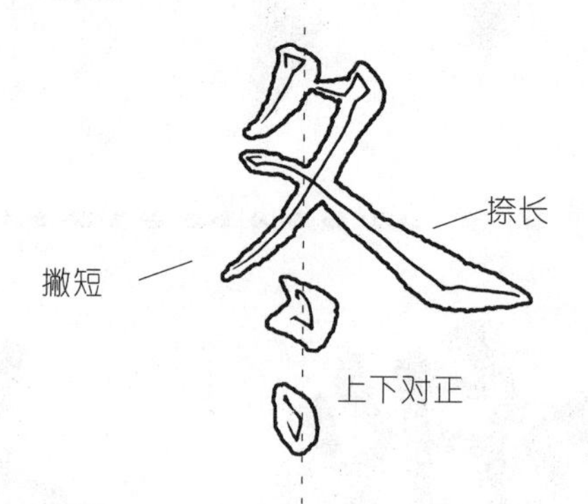

字头紧凑，撇收捺展，两点正对字中央。

拓展运用

绞丝底

撇折密集排列，紧靠上部。

√斜钩舒展
√上宽下窄
√重心对正

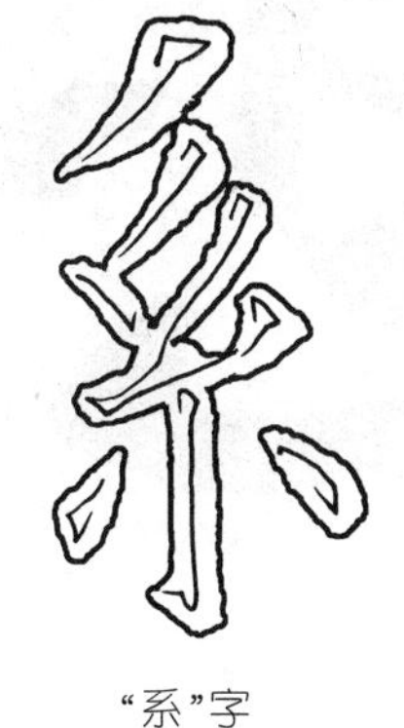

“系”字

结构紧凑，重心靠上。

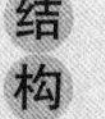

√左右等宽
√左略低右略高

全能训练

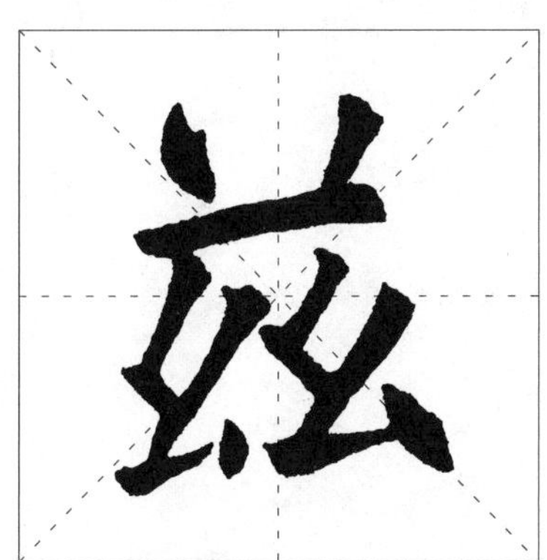

第17天

心部

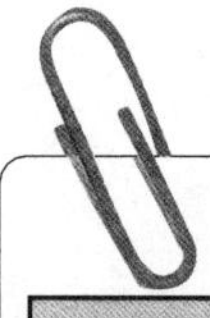

目标任务		
	知识要点	例字
重点掌握 ★★★★★	①卧钩；②心字底	恩
拓展运用 ★★★★	①竖心旁；②"必"字	悦、必
全能训练 ★★★	卧钩与竖心旁在字中的运用	甚、怀、惕

● 重点掌握

结构精要

√上窄下宽
√上下穿插
√重心较稳

卧钩

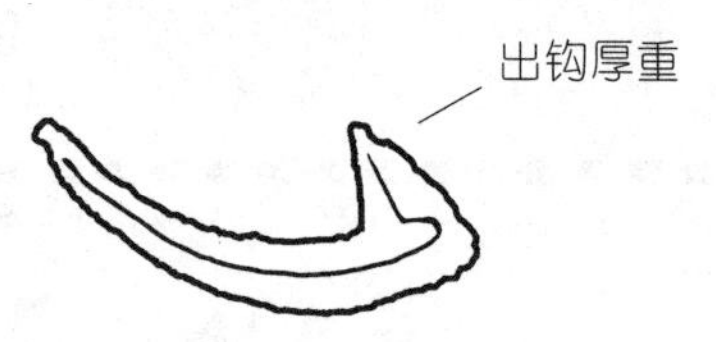

顺锋入笔，向右下渐行渐压笔，末端调转笔锋，向左上出钩。

心字底

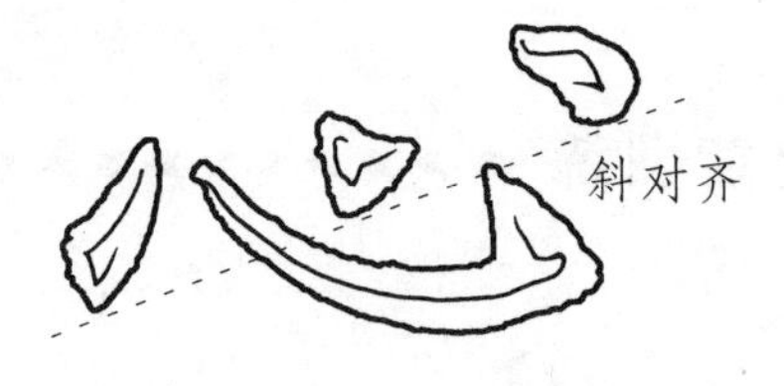

三点空间匀称，钩尾指向字心。

● 拓展运用

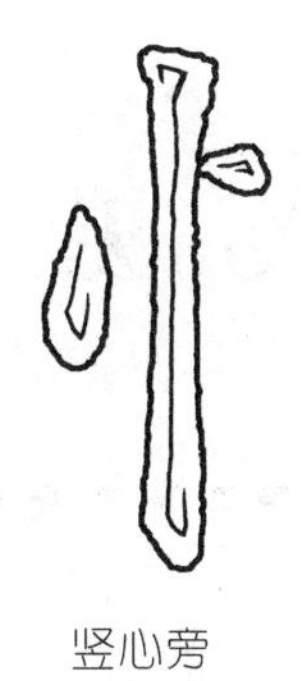

竖心旁

重心靠上，左点竖向，右点横向。

结构精要

√左窄右宽

√竖画挺直

√竖弯钩舒展

中间点画靠上，卧钩出钩向上。

“必”字

结构精要

√三点左右低中间高

√卧钩不宜长

√撇画斜穿“心”中央

● 全能训练

第18天

贝与见

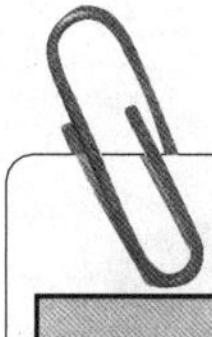

目标任务		
	知识要点	例字
重点掌握 ★★★★★	①贝字旁；②立刀旁	则
拓展运用 ★★★★	①贝字底；②见字旁	贵、睹
全能训练 ★★★	贝字底在字中的运用	资、质、赏

● 重点掌握

结构精要

√左部横距均等
√左短右长
√竖钩要直

贝字旁

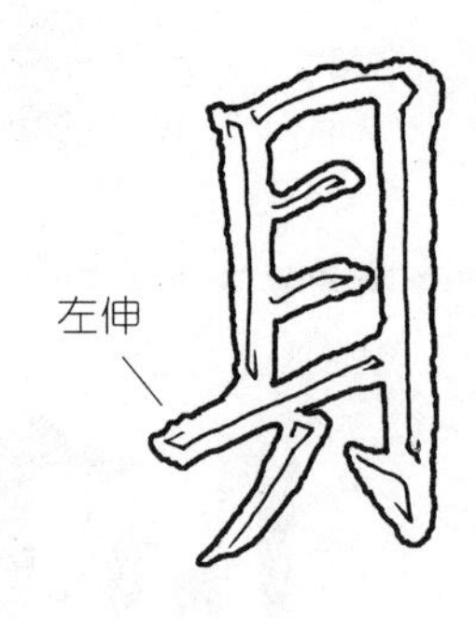

上长下短，内横画不与右竖连，末点压右竖末端。

立刀旁

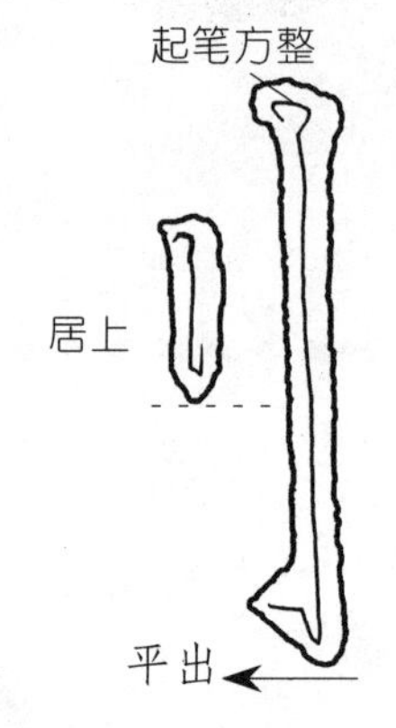

竖画短，居于字的中上部，竖钩长，横向出钩。

● 拓展运用

竖画变短，
两点开阔。

贝字底

√上下对正
√长横舒展
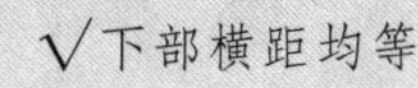
√下部横距均等

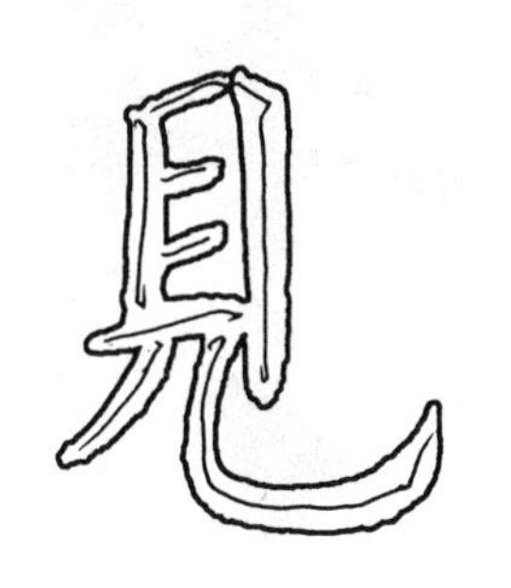

横短竖长，撇收
弯钩展。

见字旁

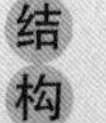

√左右揖让
√左右高低错落
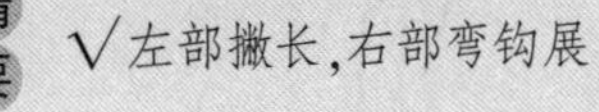
√左部撇长，右部弯钩展

● 全能训练

第19天

山部

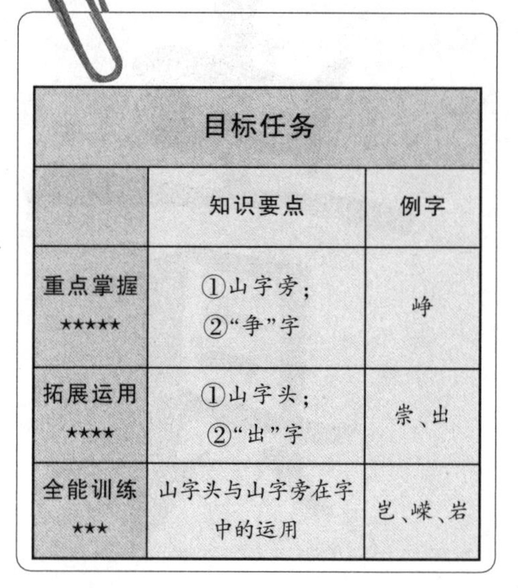

目标任务		
	知识要点	例字
重点掌握 ★★★★★	①山字旁；②“争”字	峥
拓展运用 ★★★★	①山字头；②“出”字	崇、出
全能训练 ★★★	山字头与山字旁在字中的运用	岂、嵘、岩

● 重点掌握

结构精要

√左小居上
√右部重心靠上
√右部上下对正

山字旁

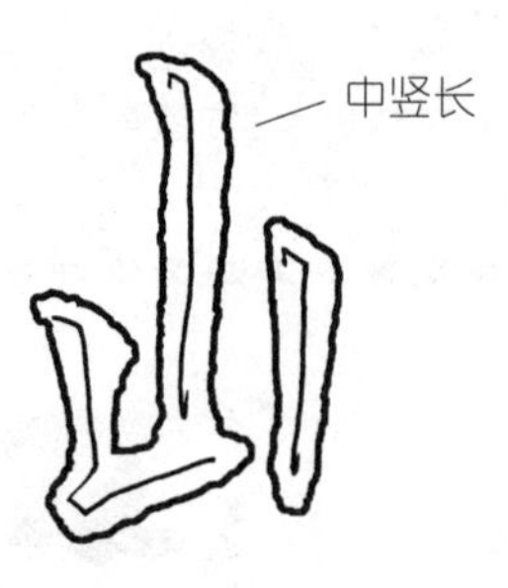

字形稍窄，横短竖长，居于字的左上部位置。

“争”字

重心靠上，三点呼应，上下对正。

● 拓展运用

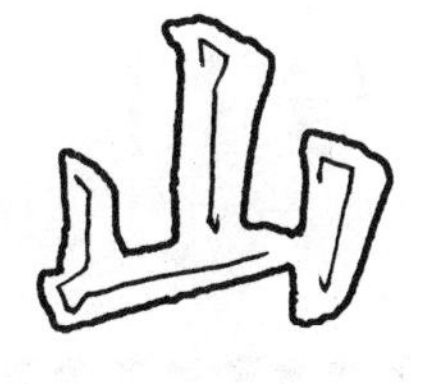

山字头

整体勿大，
竖画倾斜。

结构精要
√山小居上
√上下窄中间宽
√上下对正

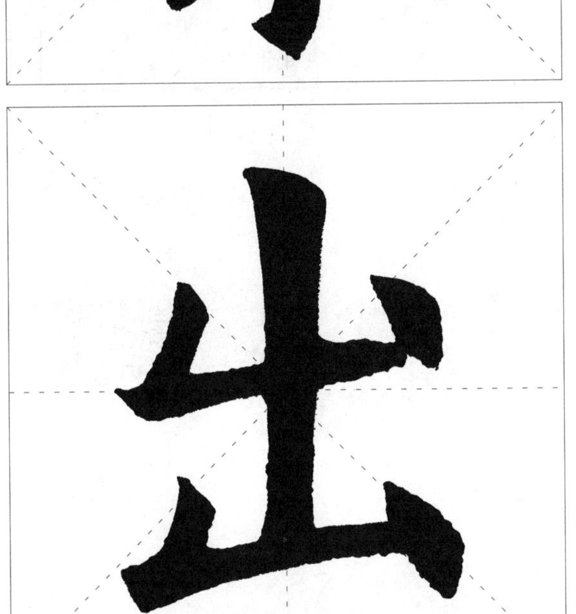

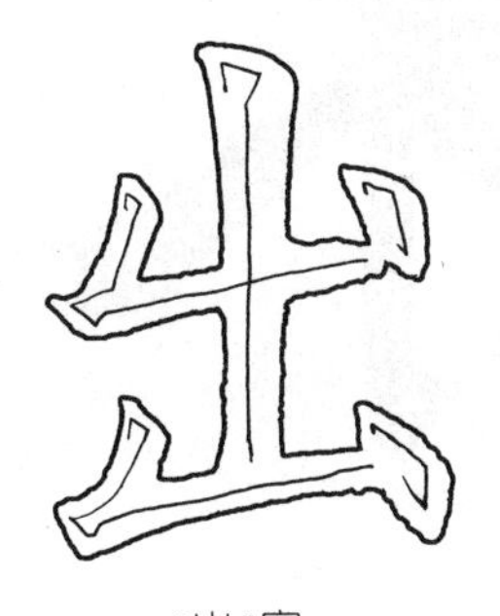

“出”字

边竖呈“八”字形，
上下右竖变点。

结构精要
√中竖较直
√左右对称
√边竖倾斜

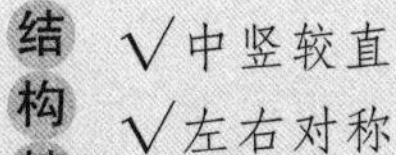

● 全能训练

岂

嵘

岩

第20天

口与口

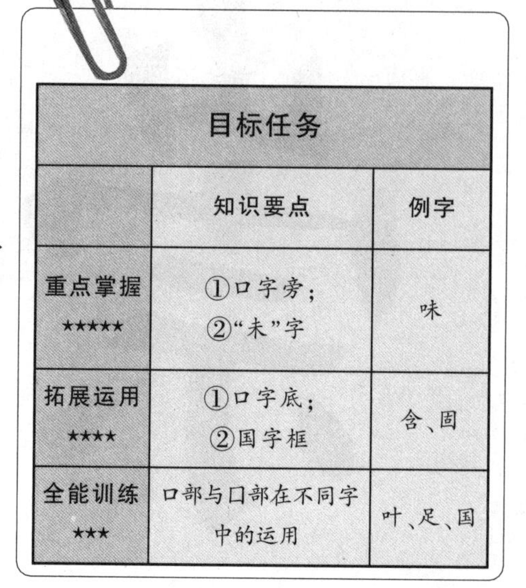

目标任务		
	知识要点	例字
重点掌握 ★★★★★	①口字旁；②"未"字	味
拓展运用 ★★★★	①口字底；②国字框	含、固
全能训练 ★★★	口部与口部在不同字中的运用	叶、足、国

● 重点掌握

结构精要

√口部短小靠上
√两横间距同"口"高
√撇轻捺重

口字旁

居左上，横画向右上倾斜，整体较小。

"未"字

竖直居中，上收下放，撇捺伸展。

● 拓展运用

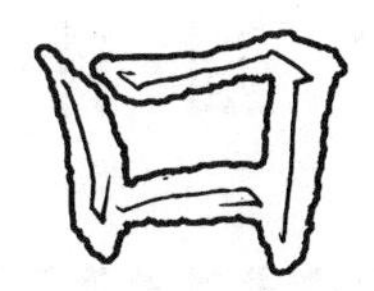

口字底

横稍长竖稍短，两竖内收，稳托上部。

结构精要
√撇捺伸展覆下
√撇低捺高
√上下重心要对正

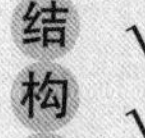

国字框

横短竖长，底不封口。

结构精要
√外重内轻
√横平竖直
√字形方整

● 全能训练

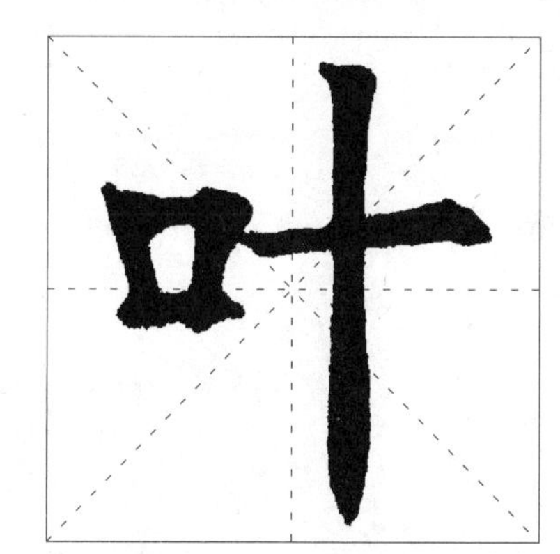

第21天

集字创作

● 重点掌握

目标任务		
	知识要点	例字
重点掌握 ★★★★★	横幅	乐在其中
拓展运用 ★★★★	斗方	心怀感恩
全能训练 ★★★	扇面	栉风沐雨

书法作品中常见的幅式有横幅、中堂、条幅、对联、条屏、斗方和扇面等几种。这里以横幅、斗方和扇面为例，为大家提供集字创作的作品展示。

一幅书法作品，通常由正文书写和落款钤印两部分组成。在正文书写之前，先要根据纸张大小和字数多少做出合理安排，再不断练习，从中择优，最终选出自己满意的作品。

横幅——乐在其中

横幅一般指长度是高度的两倍或两倍以上的横式作品。字数不多时，从右到左写成一行，字距略小于左右两边的空白。字数较多时竖写成行，各行从右写到左。常用于书房或厅堂侧的布置。

横幅示意图

书写提示

乐　上分下和，上部笔画多，写得较为紧凑；下部长横舒展，托上覆下。

在　撇画往左下伸展，“土”字稍靠右。

其　上长下短，横距均等，下两点与上部对应。

中　“口”形较扁，竖为垂露，平分“口”字。

● 拓展运用

斗方——心怀感恩

斗方是长宽尺寸相等或相近的作品形式。斗方四周留白大致相同。落款位于正文左边，款字上下不宜与正文平齐，以避免形式呆板。

斗方示意图

书写提示

心 三点斜向上，卧钩出钩方向指向字心。

怀 左部笔画简略；右部笔画繁多，用笔较轻，上下两竖对正。

感 斜钩劲挺有力，“心”字底稍小。

恩 上窄下宽，上下穿插。

● 全能训练

扇面——栉风沐雨

扇面分为团扇扇面和折扇扇面。

团扇扇面的形状多为圆形，其作品可随形写成圆形，也可写成方形，或半方半圆，其布白变化丰富，形式多种多样。

折扇扇面形状上宽下窄，有弧线，有直线，既多样，又统一。可利用扇面宽度，由右到左写 2~4 字；也可采用长行与短行相间，每两行留出半行空白的方式写较多的字，在参差变化中写出整齐均衡之美；还可以在上端每行书写二字，下面留大片空白，最后落一行或几行较长的款来打破平衡，以求参差变化。下面我们就以折扇为例,来展示扇面的作品形式。

折扇扇面示意图

栉风沐雨出自《庄子·天下》:“沐甚雨,栉疾风。”

意思:栉,梳头发;沐,洗头发。风梳发,雨洗头。形容人经常在外面不顾风雨地辛苦奔波。

书写提示

栉 左中部稍高,右部最低,三部紧凑匀称。

风 上窄下宽,内部居中。

沐 左短右长,右部竖画直挺,撇捺舒展。

雨 横画稍短,中竖平分“冂”部,四点均匀分布,相互呼应呈左低右高之势。